LE
MAGNÉTISME

TRADUIT

EN COUR D'ASSISES.

ACQUITTEMENT.

> « Ils sont (les savants) comme la douane
> » officielle chargée de protéger le passé et de
> » prohiber l'avenir. »
>
> *(Plaidoirie de M* Ch. Ledru.)*

Paris,

IMPRIMERIE DE GUIRAUDET ET JOUAUST,

315, RUE SAINT-HONORÉ.

1845

LE

MAGNÉTISME

TRADUIT

EN COUR D'ASSISES.

ACQUITTEMENT.

à Mr Feuillet

bibliothécaire de Sa Majesté

L'Empereur des Français

27 juin
1868

Pedro

Fontainebleau

LE MAGNÉTISME

TRADUIT

EN COUR D'ASSISES.

—

ACQUITTEMENT.

—

« Ils sont (les savants) comme la douane
» officielle chargée de protéger le passé et de
» prohiber l'avenir. »
(Plaidoirie de M^e **Ch. Ledru**.)

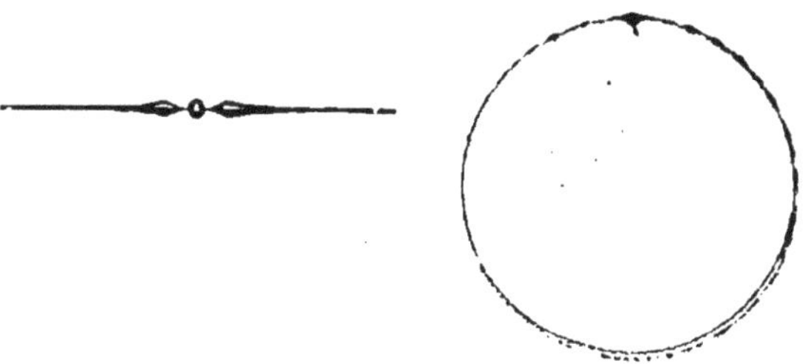

Paris,

IMPRIMERIE DE GUIRAUDET ET JOUAUST,

315, RUE SAINT-HONORÉ.

—

1845

M. RICARD, MAGNÉTISEUR.

PRÉVENTION DE DIFFAMATION

ET D'OUTRAGE

ENVERS M. LE PROCUREUR DU ROI

ET

LE TRIBUNAL DE BRESSUIRE.

Un nombreux auditoire avait envahi de bonne heure la Cour d'assises. M. le préfet du département, les principaux fonctionnaires, les officiers supérieurs du régiment en garnison, des dames élégantes, et parmi elles des apôtres fervents du *magnétisme*, qui a de nombreux partisans à Niort et à Bressuire, occupaient les siéges privilégiés. On remarquait aussi dans la société d'élite M. le marquis de Saint-Victor, un des hommes les plus connus de France par sa foi au magnétisme, grand magnétiseur lui-même, et révéré des croyants par les cures merveilleuses qu'il a opérées. Malgré la présence du général *Tom Pouce* dans le chef-lieu du département des Deux-Sèvres, toute la ville s'était donné rendez-vous au Palais-de-Justice, dont les abords étaient gardés par la force publique.

Après le procès de M. le comte de Rohan-Chabot, accusé

de distribution d'emblèmes séditieux, MM. les jurés désignés pour le procès de M. Ricard prennent leurs places. M. le greffier donne lecture de l'acte d'accusation. Il importe, pour l'intelligence de cette pièce, de savoir que M. Ricard reçut en 1842, de Bressuire, une lettre contenant une mèche de cheveux, et que le correspondant, *malade*, lui demandait, au moyen de cette mèche de cheveux, une *consultation*. M. Ricard fit une réponse, dont M. *Pihoué*, le consultant, avait été si satisfait, qu'il appela M. Ricard à Bressuire. Après plusieurs jours de séjour dans cette ville, où il s'était rendu avec Mlle Virginie, sa somnambule, Ricard avait ramené à Paris M. Pihoué; et celui-ci habitait depuis long-temps la maison de Ricard, lorsque, sur les réquisitions de M. le procureur du roi de Bressuire, le juge d'instruction près ce tribunal lança un mandat d'amener contre le magnétiseur et sa somnambule. Jugés tous deux à Bressuire, ils y furent condamnés à un mois de prison, et, sur l'appel, à six mois, pour escroquerie. La Cour de cassation annula cette condamnation, et la Cour royale d'Angers acquitta définitivement les prévenus. Ricard avait publié pour la Cour royale d'Angers la brochure incriminée.

Voici les principaux passages de cette brochure signalés dans l'acte d'accusation.

« Il y avait un mois que M. Pihoué était à Paris lorsque, le bruit de sa guérison s'étant répandu à Bressuire, M. le procureur du roi Lafeuillade fit arrêter et conduire en prison le magnétiseur, ainsi que sa somnambule. Pas la moindre plainte avouée, pas la moindre chose qui pût motiver cette mesure; c'est encore démontré.

» M. Pihoué dénonça la conduite singulière de M. le procureur du roi à M. le procureur général de Poitiers; il écrivit à M. Ricard des lettres de consolation. M. Legressier, maire de Thouars, beau-frère de M. Pihoué, écrivit aussi au professeur une lettre dans laquelle il le comble d'éloges, en lui exprimant toute sa reconnaissance des soins donnés à

M. Pihoué. *Tout en déplorant les rigueurs du parquet de Bres-suire , dont la conduite , dit-il, EST INFAME ,* M. Legres-sier donne dans cette lettre les moyens d'arriver à connaître les meneurs du procès, plutôt fait, selon lui, en vue d'empê-cher la guérison de M. Pihoué, que par un motif de blâme réel contre les accusés. D'autres personnes ont aussi écrit à **M.** Ricard d'autres lettres qu'il tient en réserve pour démasquer, quand il le jugera opportun, toutes les machinations dont il est victime.

» Depuis plus d'une année , la somnambule et le magnéti-seur, persécutés affreusement , se trouvent ruinés de fond en comble par ce malheureux procès, auquel ils étaient loin de s'attendre.

» M. Ricard et Mlle Virginie ont été condamnés comme *escrocs* à Bressuire par des juges qui affirment que le ma-gnétisme (dont ils ne devaient point, d'après leur premier *considérant,* apprécier le mérite et la valeur) est un *pouvoir imaginaire , chimérique , repoussé par le bon sens , et qu'on ne saurait admettre,* prétendent-ils, *sans faire abnégation de sa raison.*

» Ils ont appelé de cette sentence , et le tribunal de Niort, *par les mêmes motifs qui ont déterminé les premiers juges ,* a confirmé leur décision en aggravant énormément la peine prononcée contre les prévenus. *Une chose digne de remarque c'est que, dans l'excès de leur zèle, messieurs les magistrats ont écrit dans leur jugement quelque chose si évidemment contraire à la vérité, qu'il leur sera bien difficile de faire croire que ce n'est qu'une erreur qu'ils ont commise.* »

C'est en conséquence de cette publication que , sur la plainte du procureur du roi de Bressuire et du tribunal, a été rendu l'arrêt de renvoi conçu en ces termes :

« Ouï le rapport fait aujourd'hui au nom du procureur gé-néral du roi par M. Sabneuve, son substitut, de la procé-dure correctionnelle instruite devant la Cour d'après son ar-rêt d'évocation en date du 29 janvier contre le nommé Ri-

card (Jean-Joseph-Adolphe), âgé de 37 ans, né à Chef-Boutonne (Deux-Sèvres), directeur de l'Institut magnétologique, demeurant à Paris, rue de Londres, 10, inculpé de diffamation publique par la voie de la presse envers un fonctionnaire ; vu aussi le *le réquisitoire du procureur général*, écrit, déposé sur le bureau, duquel il a été également pris lecture comme dessus, et qui est ainsi conçu : « Vu les art. 13, 14,
» 15 et 16, de la loi du 17 mai 1819, 9 de celle du 9 sept.
» 1835, 6 de celle du 25 mars 1822; ensemble les art. 217 et
» suiv. C. instr. crim., 15 et 16 de la loi du 26 mai 1819, et
» 1ᵉʳ de la loi du 8 octobre 1830 ; — Attendu que l'écrit in-
» criminé ayant pour titre : *Arrêt de la Cour suprême tou-*
» *chant le magnétisme animal, M. J.-J.-A. Ricard, profes-*
» *seur de magnétologie, et Mademoiselle Virginie, somnam-*
» *bule magnétique*, et sorti de l'imprimerie de L.-B. Delan-
» chy, à Paris, faubourg Montmartre, 11, contient, à la
» page 9, le passage ainsi conçu...;
(Voir le passage cité plus haut.)

» Et attendu que les faits qui y sont relevés constituent, savoir : 1° ceux relatifs à M. Dufraisse-Lafeuillade, procureur du roi près le tribunal de Bressuire, soit le délit de diffamation publique par la voie de la presse envers un dépositaire de l'autorité publique pour des faits relatifs à ses fonctions, prévu et puni de peines correctionnelles par les art. 13, 14 et 16, de la loi du 17 mai 1819, et 9 de celle du 9 septembre 1835 ; soit celui d'outrage public par la voie de la presse fait à un fonctionnaire public à raison de ses fonctions, prévu et puni de peines correctionnelles par l'art. 6 de la loi du 25 mars 1822 ; 2° ceux relatifs aux membres du même tribunal de Bressuire, le délit de diffamation par la voie de la presse envers un tribunal, prévu et puni de peines semblables par les art. 13, 14 et 15, de la loi du 17 mai 1819, et 9 de la loi du 19 septembre 1835 ;

» Qu'aux termes de la loi du 8 octobre 1830, ces délits sont de la compétence de la Cour d'assises, et que de la pro-

cédure résultent des présomptions de culpabilité suffisantes
pour y renvoyer l'inculpé, déclare Jean-Joseph-Adolphe Ricard prévenu des délits ci-dessus énoncés et qualifiés; en
conséquence, le renvoie devant la Cour d'assises du département des Deux-Sèvres, séant à Niort, pour y être jugé suivant la loi; ordonne que toutes les pièces de la procédure seront envoyées au greffe du tribunal de première instance de
l'arrondissement de Niort.

» Fait et jugé à la Cour royale, chambre des mises en accusation, à Poitiers, le vingt-et-un mars 1844, par MM. Macaire, chevalier de la Légion-d'Honneur, président; Labady, chevalier de la Légion-d'Honneur; Foucher, Armandeau et Lamarque, tous conseillers en la Cour, qui ont signé
le présent arrêt, ainsi que Leconte, greffier assermenté par
ladite Cour. »

Après la lecture de l'acte d'accusation, M. le président
interroge le prévenu, qui déclare se nommer Jean-Joseph-Adolphe Ricard, professeur de magnétologie, demeurant à
Paris, rue de la Pépinière, 24.

M. le Président : Etes-vous l'auteur de l'écrit incriminé
intitulé : *Arrêt de la Cour suprême* touchant le magnétisme
animal? — *R.* Oui, M. le président.

M. le Président : Etes-vous l'auteur de la distribution qui
a eu lieu de cet écrit à Bressuire, et des placards qui ont été
affichés à la porte de M. le procureur du roi pour en annoncer la vente? — *R.* C'est moi qui ai envoyé ces écrits à M. le
docteur Barrion, mais aussi avec les affiches, qu'il a fait apposer comme il l'a jugé à propos.

On procède à l'appel des témoins.

Après cet appel, M. l'avocat général Lavaur prend des
conclusions tendant à ce que ceux qui ont été cités par le
prévenu ne soient pas entendus, par le motif que les faits signifiés ne sont ni pertinents ni admissibles.

M. l'avocat général commence par lire *l'articulation* de
M. Ricard.

Voici les faits articulés :

« 1° M. Eugène Dufraysse-Lafeuillade, procureur du roi à
Bressuire, répandait dans toute la ville, avant le jugement
qui a été rendu contre Ricard et Mademoiselle Virginie Plain :
« Que son escroc de Paris allait arriver; que lui, Lafeuil-
» lade, donnerait un spectacle qui durerait trois jours ;
» qu'il ferait pleurer son nombreux auditoire...; qu'il y au-
» rait des gradins, des estrades, et que cela serait très beau;
» que jusque alors il n'avait pas eu occasion de développer
» son talent oratoire, mais qu'il allait émouvoir, attendrir,
» étonner toute la ville, et surtout les dames ».

» 2° M. Lafeuillade, en pleine audience, a traité Ricard
» de *roué*, de *charlatan*, et Mademoiselle Virginie Plain de
» *prostituée ;* s'est plu chaque jour, avant l'audience et à l'au-
» dience même, à représenter le magnétisme comme un *char-
» latanisme effronté*, et Ricard comme un *astucieux hypocrite,*
» escroc, qui, à l'aide d'une *prostituée*, avait joué une misé-
» rable comédie, dont le but était uniquement d'exploiter la
» crédulité publique, et en particulier la crédulité de M. Pi-
» houé.

» 3° M. Lafeuillade a fait entendre à l'audience les paroles
textuelles qui suivent : « Ricard est un *roué ;* sa prétendue
» somnambule est une *prostituée...* Voyez cet arsenal de
» *charlatan* dont on nous menace (en montrant les livres
» apportés par M. Ricard)... Qu'est-ce donc que le prétendu
» établissement de Ricard ?... N'a-t-on pas su que la *cuisine*
» de cet individu ne s'était améliorée que depuis que M. Pi-
» houé habitait sa maison ? N'est-ce pas une chose bien pé-
» nible que la douleur de cette malheureuse mère de famille
» en proie à toutes les inquiétudes à cause de son mari,
» enlevé à sa tendresse par un *charlatan* dont personne ne
» peut méconnaître les *mauvaises intentions ?.....* Habitué à
» connaître à la physionomie de M. le président (regardant
» M. Jacques Aubin) les opinions du tribunal, je suis cer-

» tain déjà de la condamnation de ces deux *coupables* (mon-
» trant M. Ricard et Mademoiselle Plain). »

» 4° M. Lafeuillade a reçu, au sujet de sa conduite envers
Ricard, des reproches sévères de la part des personnes les
plus honorables de Bressuire, notamment de M. Turgot, receveur particulier, son ancien ami, qui, dès ce moment, **a**
rompu toutes relations avec lui.

» 5° Si Ricard a appliqué au parquet de Bressuire l'épithète
d'une lettre de M. Legressier, cette lettre, qui est entre ses
mains, contient en effet les passages suivants :

« Thouars, 15 juin 1842.

» Monsieur,

» Personne plus que moi n'a pris et ne prend encore part
» à vos chagrins ; cette *infâme* conduite irrite tous les amis
» de M. Pihoué, et ils ne peuvent se rendre compte de la
» légèreté avec laquelle un parquet se laisse aller à un ano-
» nyme.

» J'espère toujours que ce procès, qui a tant de retentisse-
» ment dans ce pays, *retombera* sur le *parquet.* »

» 6° M. Pihoué avait été traité avantageusement pour lui
par Ricard ; plusieurs mois après la cessation du traitement
magnétique, il a succombé à une maladie accidentelle ; dès
lors, les propos que M. Lafeuillade répandait dans la ville de
Bressuire, de même que les épithètes flétrissantes qu'il adressait à M. Ricard, à l'audience, n'avaient aucun motif, en
admettant même que les injures et les outrages soient jamais
permis à l'égard des personnes que le parquet poursuit, hypothèse inadmissible : car le ministère public, qui a la haute
et sainte mission de réprimer les délits, en recherche les
preuves, les rassemble contre les déliquants ; mais il n'insulte, n'outrage, ne diffame, ne calomnie jamais qui que ce
soit.

» 7° Le réquisitoire écrit de M. Lafeuillade contient les passages suivants :

« Prétendue somnambule... devineresse infaillible... astucieuse précaution... tactique ridicule...

» Le 21 du même mois le sieur Ricard arriva à Bressuire, accompagné d'une *prostituée* (Virginie Plain).

» Ces deux associés se mirent à l'œuvre....

» Cette misérable comédie excita l'incrédulité et la pitié publiques.

» Il poussa (M. Ricard) l'hypocrisie et la dérision jusqu'à proposer aux médecins du sieur Pihoué de les initier aux secrets de sa science.

» Cette proposition absurde...

» Et par une combinaison qu'on peut à bon droit suspecter, les accusés firent asseoir près d'eux M. Pihoué, dans une voiture particulière...

» Le lendemain M. Pihoué était sur la route de Paris avec les inculpés.

» ... Trompé par ce langage *menteur,* etc.

» Cette proposition ne peut s'expliquer que par une coupable spéculation ; elle révèle une *manœuvre* sur le but de laquelle il est impossible de se tromper.

» Il sera établi aux débats que, pour parvenir plus sûrement à circonvenir M. Pihoué, le sieur Ricard n'a pas craint d'entretenir dans son esprit l'extravagante idée d'un empoisonnement, que celui-ci attribuait à une personne honorable de sa famille.

» Ces indignes manœuvres, etc.... »

» 8° Le jugement du tribunal contient les passages suivants, qui sont logiquement contradictoires, et qui, en conséquence, sont contraires à la vérité, et doivent faire croire à une chose qui est plus qu'une erreur :

« Attendu qu'il ne s'agit point ici de juger du mérite et des effets du magnétisme animal proprement dit, etc.;

» Attendu qu'il est encore démontré au procès, notamment par les aveux de Ricard..., qu'il peut, à cent lieues de distance, et sans autres renseignements, sur une simple mèche de cheveux d'un malade, connaître la maladie dont celui-ci est atteint, etc.;

» Attendu qu'un semblable système est réprouvé par les premières notions du bon sens, et que pour l'admettre il faudrait faire abnégation de sa raison, etc. »

Après cette lecture, M. l'avocat général continue ainsi :

« Voilà les faits cotés par M. Ricard et pour la preuve desquels il a cité de nombreux témoins. Je veux dès l'abord de cette affaire que mes principes soient bien connus; j'aime le grand jour de l'audience, et, si le voile qui couvre la vie privée doit être respecté, ce qui appartient à la vie publique est sujet à discussion. Un fonctionnaire qui se prétend outragé au sujet de l'exercice de ses fonctions porte-t-il plainte? Le prévenu a le droit de prouver les faits reprochés; et s'il fait cette preuve, il est disculpé.

» Mais les faits doivent être pertinents et admissibles; il faut, s'ils étaient démontrés, qu'ils fassent disparaître le délit. Or, Ricard veut-il prouver que M. Lafeuillade est *infâme?* Non... il n'oserait se poser sur ce terrain : cet aveu seul le rend non recevable.

» N'avez-vous pas été comme nous surpris de ses allégations? Les faits qu'elles contiennent sont-ils possibles? Un magistrat aurait-il été assez oublieux de lui-même pour tenir ces discours reprochés dans la première articulation. Quand même M. Lafeuillade aurait dit en confidence (et il le nie) qu'il n'avait pas été apprécié dans le premier siége autant qu'il devait l'être; quand il aurait annoncé qu'il aurait à porter la parole dans une affaire grave..., est-ce que de pareils propos, tenus dans l'intimité, lui mériteraient le nom d'*infâme?* Et comment a-t-on osé se présenter avec de pareils faits justificatifs?

» 2° La seconde articulation a rapport à cette appellation de *prostituée,* qui aurait été faite à l'audience, et aux épithètes de *charlatan,* hypocrite, etc. Ces mots *isolés* paraissent étranges. Mais, en les rattachant aux faits généraux de la cause telle qu'elle se présentait à Bressuire, et ensuite à Niort, vous verrez que leur étrangeté disparaît. D'ailleurs, c'est dans l'improvisation qu'ils auraient été dits... Est-ce que M. Ricard voudrait amener des témoins pour constater des paroles qui ont fui aussitôt qu'elles ont été prononcées, et qui en tous cas ne prouveraient pas l'*infamie* du magistrat? Or, c'est là ce qu'il doit prouver pour échapper à la peine.

» 3° La troisième articulation tend à établir ce propos : « Que la cuisine de Ricard ne se serait améliorée que depuis » que M. Pihoué habitait sa maison. » Si ce propos avait été tenu à l'audience, qu'en résulterait-il? Que peut-être il serait forcé.... Mais si le prévenu le démontrait, en résulterait-il la preuve qu'il est obligé de faire, remarquez-le bien... c'est-à-dire que M. le procureur du roi est un infâme ? La preuve est donc non pertinente et non admissible.

» 4° La quatrième articulation n'est pas mieux fondée. M. Turgot aurait rompu avec M. Lafeuillade en raison de sa conduite dans l'affaire Ricard : Eh! bien, quand cela serait, est-ce que le magistrat doit, dans l'accomplissement de son devoir, consulter ses amitiés du dehors...? Et si quelquefois un injuste écho s'élève contre le fonctionnaire, devra-t-il reculer ? Non, Messieurs, et c'est la gloire du magistrat de savoir, quand il le faut, faire abnégation de ses relations sociales pour rester digne de lui-même. — Mais, encore une fois, où est dans tout ceci la preuve d'*infamie ?*

» 5° Cette articulation a rapport à la lettre de M. Legressier, où se trouvait cette épithète d'*infâme*. On a cité des passages prétendus de cette lettre. — Nous croyons qu'ils sont inexacts; mais, fussent-ils *exacts,* Ricard ne serait pas moins coupable de les avoir publiés. Nous comprendrions sa défense s'il venait atténuer ses torts en présentant comme explication cette lettre du beau-frère de M. Pihoué; mais, prouver que M. Legressier a insulté M. Lafeuillade, est-ce prouver l'infamie de celui-ci? Evidemment cela est inadmissible.

» 6° Ici Ricard veut prouver que M. Pihoué avait été guéri

par le magnétisme, et qu'ainsi il n'est pas l'auteur de sa
mort. Mais le magnétisme n'est pas en question ; il s'agit, encore une fois, de démontrer l'infamie du magistrat ; et, si on
ne le fait pas, il faut accepter la condamnation due aux ca-
lomniateurs.

» 7° On demande à prouver par témoins les épithètes in-
jurieuses pour Ricard que contiendrait le réquisitoire *écrit* ;
mais ce réquisitoire écrit n'a été fait que pour le tribunal qui
a eu à examiner les faits reprochés à Ricard ; personne n'en
a connaissance dont il puisse déposer ; et, d'ailleurs, si le
tribunal y a fait droit, est-ce ainsi que le prévenu viendrait
prouver l'infamie du magistrat qui a requis ?

» 8° Pour démontrer qu'on a eu le droit de diffamer le tribunal, on demande à faire la preuve des *considérants* de son
jugement. Mais à quoi bon ? le jugement est là. Il existe, on
pourra en exciper, et malheureusement il condamnera le système du prévenu. »

M. l'avocat général regrette que la défense, au lieu de chercher des excuses dans la mauvaise humeur de l'individu
poursuivi et condamné par la justice, ait cru devoir adopter
un système plus injurieux que le délit même qu'elle veut faire
absoudre. En tout cas, la Cour repoussera une preuve qui
serait un scandale pour la justice, et un danger pour le prévenu lui-même.

« Jamais, dit-il, pareil procès n'a été inscrit dans les an-
nales des tribunaux, car un accusé a toujours un avocat pour
le protéger. Aux vivacités du ministère public répondent les
vivacités de la défense ; là est une garantie suffisante, raison-
nable, et la Cour n'ira point au delà. »

M^e Ch. Ledru : « M. l'avocat général vous a dit en finissant,
Messieurs, que jamais l'écho des tribunaux n'avait retenti de
paroles semblables à celles que M. Ricard veut faire entendre. Il faut nous en féliciter. J'ajouterai que, si M. Dufraysse-
Lafeuillade avait compris la dignité de sa mission comme la
comprend mon honorable contradicteur, M. Ricard n'eût pas

été condamné à une extrémité douloureuse pour lui, et plus douloureuse encore pour son avocat, qui, dans bien des luttes difficiles et passionnées, et alors même que les partis venaient presque tout armés dans le temple de la justice, n'a jamais dit un mot qui ne respirât le plus profond respect pour les ministres de la loi. Malheureusement, une conduite sans exemple amène de nécessité une défense toute nouvelle.... Vous l'avez dit, M. l'avocat général, les actes du fonctionnaire coupable de quelque méfait appartiennent à celui qui en est victime. Nous ne disons pas autre chose, et nous ne voulons rien au delà. Je pourrais ajouter qu'en disculpant par avance M. Lafeuillade de tout reproche, vous avez commis une honorable imprudence; — elle était digne de vous : car, ainsi que tous les hommes généreux, vous jugiez votre collègue en le voyant à travers vous-même. Aussi votre exemple démentait votre discours... Et quand vous mettiez sous la protection du talent, de la modération, du bon goût, un homme violent, oublieux de toutes convenances, et du savoir-vivre le plus vulgaire, vous auriez pu remarquer ce que tout cet auditoire disait, comme moi, que vous étiez la réfutation la plus éloquente, la réfutation vivante de votre noble langage.

» A présent, est-il vrai que les faits ne soient ni pertinents ni admissibles?

» Que disons-nous d'abord? Nous voulons apprendre à MM. les jurés le vrai motif qui a engagé M. Lafeuillade à faire jeter en prison un brave homme dont le seul crime consistait à avoir guéri M. Pihoué, riche habitant de Bressuire, et l'ami de M. Lafeuillade, qui même daignait souvent s'asseoir à sa table! Ce motif... c'est que M. le procureur du roi, ennuyé du calme dont jouit la ville de Bressuire, et fâché d'avoir rarement l'occasion... *d'y montrer sa belle voix*, avait profité de la circonstance pour faire ses preuves. Calomnie! dit-on, pur scandale! C'est possible; si cela est, M. Ricard est bien maladroit de solliciter une preuve dont *l'absence* sera sa condamnation aux yeux du jury.

» Or, a-t-il le droit de fournir cette preuve? M. l'avocat général déclare qu'en principe il aime le grand jour de l'audience. Ainsi, en théorie, il est de notre avis : pour la pratique, c'est différent. Dans l'espèce, il n'y a pas lieu, selon lui, à l'application du principe. Et pourquoi? « Il est impos-
» sible, dit-on, qu'un magistrat se soit oublié au point d'a-
» voir tenu le langage que nous imputons à M. Lafeuillade... »
Impossible!.... Ce n'est pas là un mot légal. Si c'est impossible, je ne prouverai pas.... Voyons toujours. Laissez parler les témoins. « D'ailleurs, dit-on encore, quand on prouverait
» ce qu'on allègue, est-ce que M. le procureur du roi serait
» pour cela un infâme? Or, si on ne le prouve pas, on ne
» prouve rien : car la loi permet la preuve des faits reprochés ;
» et ce qu'on lui reproche, c'est d'avoir été infâme. »

Entendons-nous! sans être infâme, on peut bien être atteint de cette maladie qui fait qu'un individu infatué de son petit mérite désire élargir sa petite sphère, et grandir son petit personnage (On rit.) :

> Bien qu'on soit au parquet, on est ce que nous sommes.
> On y peut être vain, comme les autres hommes.

» Eh bien! dans une ville de province, même en Vendée, on n'a pas toujours un Rohan-Chabot sous la main (1). Quand le zèle chôme, que faire? Dans les grandes villes, il y a de la distraction... Mais à Bressuire... hors le tribunal... rien! Pas la moindre émotion...: le calme de la mort. Dailleurs, figurez-vous un homme d'un grand mérite, un orateur éminent, réduit aux proportions d'un rôle de muet. Cela n'est pas agréable pour lui, d'abord. Mais quelle privation pour ses justiciables, et surtout pour la plus belle moitié de l'arrondissement! (On rit.)

---

(1) M. de Rohan-Chabot, jugé à la même audience, pour distribution d'emblèmes séditieux, habite le ressort du tribunal de Bressuire.

» Je ne suis pas surpris qu'en de telles circonstances M. Dufraysse-Lafeuillade se soit dit, en voyant arriver M. Ricard et Mademoiselle Virginie : « Ville de Bressuire, réjouis-
» toi ! tu ne mourras plus d'ennui. Ton procureur du roi se
» creusait en vain la tête... : il n'y trouvait rien pour te dis-
» traire... Mais voici le sujet d'un drame ; je le monterai
» moi-même. Et quel drame ! *la Somnambule !* Je jouerai dans
» la pièce. Quelles émotions !... que de larmes... ! Les dames
» se pâmeront. Construisons-leur un théâtre au Palais-de-
» Justice, élevons des gradins... vite. Et d'abord, arrêtons
» les principaux acteurs. » (Rire général.)

» Ce raisonnement, assez solide en logique, et incontestable au point de vue de l'art, dut venir d'autant plus aisément à la pensée de M. Lafeuillade, que c'est, on peut le dire, un procureur du roi jusqu'à présent incompris de l'autorité supérieure, et qu'il était dans le cas d'un sujet distingué en présence du rôle qui doit faire sa réputation et sa gloire. On sait, en effet, que M. Lafeuillade, en arrivant dans la ville, quittait le pays qui, pour les hauts fonctionnaires, est un pays de douceur incomparable... la Dordogne. C'est de là qu'il est tombé... à Bressuire. Tout l'invitait à se signaler pour reprendre une position aussi succulente que celle qu'il avait perdue.

» Ainsi donc, Messieurs, en voyant la chose comme les choses de ce monde doivent être envisagées, en la voyant humainement, il n'y a point là d'*infamie*... Il y a un jeune fonctionnaire qui, fatigué de son repos, veut être agréable aux dames, faire parler de lui, et qui, au milieu de ces égarements de l'espérance, croit tout naturellement que la liberté et l'honneur d'un honnête homme et d'une pauvre fille sont faits pour servir de distraction à ses ennuis et de degré à son ambition ; mais est-ce là de l'infamie ?... Du tout. Toutefois, je tiens à prouver le fait, et assurément j'ai quelque intérêt à montrer sous la toge du grave magistrat la robe parfumée de l'acteur léger, folâtre et galant.

» Tout le monde le comprend, et dans son for intérieur M. Lafeuillade doit sentir que nous ne lui faisons aucune injustice en priant les dames de Bressuire de répéter tout haut les jolies choses qu'il leur contait si bien. Ce pouvaient n'être que des confidences, soit ! mais des confidences si gaies faites à toute une ville, entre la valse et la polka, sont trop édifiantes pour que le jury n'en jouisse pas aussi quelque peu. (On rit.)

» J'arrive à la seconde articulation, et je l'aborde timidement. Nous demandons à faire connaître par témoins de quelles épithètes habituelles se sert M. Lafeuillade quand il veut enfler sa voix jusqu'au ton pathétique. Je ne m'arrêterai point à ces mots : *roué, charlatan, astucieux hypocrite,* qu'il prodigue avec tant d'aisance. Mais, s'il lui était arrivé de jeter à la face d'une pauvre fille ces vilains mots qu'on ose à peine prononcer ; si cette jeune fille, dans la société de laquelle il aimait à se trouver la veille, n'était plus le lendemain pour le besoin de la période qu'une *prostituée* (pardonnez-moi l'expression), une telle insulte, un oubli aussi complet des égards dus à tout le monde, et surtout à une femme, ne vous paraîtraient-ils pas de nature à provoquer une irritation légitime, et l'*acteur* qui aurait joué, de complicité avec cette prostituée, une *misérable comédie,* dans le but d'exploiter la crédulité publique, ne serait-il pas excusable d'avoir fait pénétrer le public dans les coulisses du parquet ?

» M. l'avocat général a expliqué l'expression de *prostituée,* en la considérant comme un de ces malheurs que l'improvisation excuse.... On ne dit pas toujours ce qu'on veut, ni comme on veut... Hélas! M. Lafeuillade le sait mieux que personne, et nous le savons tous, pauvres orateurs que nous sommes. Mais une épithète qui résume en quelque sorte toutes les ignominies n'est pas de ces mots qui échappent par hasard à la fécondité d'une imagination trop riche : c'est du mauvais goût médité, mûri ; c'est le style de cette école dans laquelle on apprend à apostropher des accusées en ces termes:

« Vous êtes une voleuse... Vous êtes une empoisonneuse (1). »
Triste école qui voudrait apporter le langage des halles dans
le temple de la justice. (Mouvement.)

» La troisième articulation n'est que le développement cir-
constancié de la deuxième. Je signalerai néanmoins une des
phrases de M. le procureur du roi de Bressuire comme éminemment attentatoire au principe auquel M. l'avocat général
a rendu un si bel hommage : « La vie privée est murée. »
Vous avez déjà vu comment M. Lafeuillade se gêne pour
renverser les murailles ! Mais, qui le croirait? il s'est oublié
au point de faire invasion dans la cuisine de M. Ricard, pour
raconter, à propos d'une poursuite criminelle, ce qui s'y
passe. « La cuisine de cet individu, dit-il, ne s'est améliorée
» que depuis....» Nous tenons à prouver cette atteinte à la
partie la plus secrète de la vie : car enfin de tous les droits,
celui de manger ce qu'on veut ou ce qu'on peut est le plus
respectable, et si nous prouvions le fait articulé, toutes les
bouches s'ouvriraient pour condamner M. Lafeuillade. A
Paris, le discours de cet orateur eût été peut-être la cause
d'une révolution. Là, il n'y a pas de mystère si bien gardé en
général que celui de la table. On confie tout à ses amis, ex-
cepté ce qu'on a pour dîner. C'est que le premier besoin de
l'homme civilisé est l'estime publique. Or, l'habit étant le
régulateur de l'opinion, il faut que le budget des petits mé-
nages prenne nécessairement pour le tailleur une bonne partie de ce qui est destiné aux frais de la cuisine. (On rit.)

» Nos couturières, à Paris, sont citées pour leur élégance.
Eh bien ! à quel prix ces longs châles et ces gracieux cha-
peaux sous lesquels on les prendrait pour des femmes de
financiers ? Elles ne peuvent se les procurer qu'au prix
d'un sacrifice quotidien...., sacrifice plein de mystère et

____

(1) Voir les débats du procès de madame Lafarge.

de poésie. On se prive de dîner..... pour être belles. Je me trompe, on ne se prive pas tout à fait ; mais de l'eau , du pain.... et le fromage de Brie, voilà le repas normal. Et quand on change de plat, c'est pour remplacer le brie par le neufchâtel ; c'est la variante classique.(Rire général.)

» Soulever le voile qui couvre des existences si pastorales, si élégantes et en même temps si fières , ne serait-ce pas une atteinte à ce qu'il y a de plus intime, de plus sacré ? Je le répète , à Paris, une telle violation de tous les principes causerait au moins une émeute. (Nouvelle hilarité.)

» Je voudrais, Messieurs, pouvoir dissimuler le fait contenu dans la quatrième articulation ; mais pour justifier Ricard il importe de vous faire savoir que la conduite de M. Lafeuillade envers lui a indigné les personnes les plus honorables de Bressuire. L'indignation a été loin, je l'avoue ; et daignez remarquer la modération de la défense : nous demandons simplement à prouver que M. Turgot, le receveur particulier, chez qui M. le procureur du roi était ordinairement admis, a rompu toute relation avec ce fonctionnaire à raison d'une poursuite qu'il jugeait injuste, inique. Or, pour répondre aux reproches qu'on nous adresse, ne vous devrais-je pas toute la vérité que nous voulions taire par un esprit de modération exagéré ?.... Ce quatrième fait est inexact, je l'avoue. Non , M. Turgot n'a pas rompu avec M. Lafeuillade... Mais voici le fait : il l'a pris par la main...., et, lui disant à l'oreille quelque chose que je ne répéterai pas....., il a ajouté....: « Regardez cette porte, Monsieur ; sortez par là bien » vite, et n'y rentrez jamais. » M. Lafeuillade a du goût pour les émotions fortes.... Cette scène d'un procureur du roi congédié de chez un ami, l'un des premiers fonctionnaires de la ville , a dû lui paraître d'un grand effet dramatique ; elle ferait le sujet d'un tableau plein de moralité pour l'instruc tion du jury, et nous avons offert de le rendre vivant e parlant. (Sensation.)

» La cinquième articulation a rapport à la lettre de M. Le-

gressier. Ici ce n'est pas un témoignage que nous offrons ,
c'est la pièce même, et , pour satisfaire au vœu de la loi, nous
l'avons signifiée. On y lit : « *Cette infâme* conduite irrite tous
» les amis de M. Pihoué…. J'espère toujours que ce procès,
» qui a tant de retentissement dans ce pays, retombera sur
» le parquet. » M. l'avocat général ne veut pas que nous
reproduisions cette pièce : car elle ne prouve pas que M. le
procureur du roi soit un infâme. Ce serait tout au plus
l'opinion de M. Legressier, et d'ailleurs le sens de la lettre a
été mal interprété.—Je le veux bien ; raison de plus pour que
MM. les jurés interprètent eux-mêmes. Or pour cela il faut
d'abord avoir cette pièce sous les yeux. Je l'ai…. Je veux la
produire ; et quant à la preuve qui résultera de la lettre, le
jury l'appréciera. Il est certain du moins que , si M. Ricard
n'a fait que répéter la lettre du frère de M. Pihoué , il n'a
rien *inventé* , et c'est déjà beaucoup. Au reste , une fois pour
toutes il doit être bien entendu que M. Ricard n'a jamais dit
et n'a jamais voulu dire : « Je soutiens que M. Lafeuillade
« *est un infâme* , et je le prouverai tant par titres que par
» témoins. » Cela serait impoli et d'ailleurs très inexact. *Infâme* vient du latin *fama, réputation*, et *in* privatif. Or qui
oserait dire que M. Lafeuillade n'a pas de réputation ? Je ne
sache pas de procureur du roi en France plus connu que lui ,
et il a bien fait ce qu'il fallait pour cela. Le magnétisme est
à la mode ; il s'est pris corps à corps avec un de ses profes-
seurs les plus distingués…. Il l'a jeté en prison…. Il le per-
sécute depuis trois ans , lui , sa somnambule…… Quatre tribunaux , y compris la Cour de cassation, se sont occupés des
procédés de M. Lafeuillade…. Son nom a été répété dans des
mémoires imprimés…, et on ne le connaîtrait pas ! C'eût été
jouer de malheur… Grâce à Dieu, il n'en est pas ainsi. Au
reste, puisque l'occasion se présente , je suis heureux moi-
même de rendre un solennel hommage à M. le procureur du
roi de Bressuire. « Sur mon honneur et ma conscience, de-
» vant Dieu…. et devant les hommes…., je le dis , M. La-

» feuillade, vous n'êtes point un infâme.» Etes-vous content du certificat ? Si cet éloge public et sans restriction peut calmer vos susceptibilités, je vous le donne de tout cœur, en présence des magistrats, du jury et de ce nombreux auditoire , dont vos principaux justiciables sont l'élite et l'ornement. (Mouvement.)

» La sixième articulation est rejetée comme non pertinente. C'est celle qui tend à absoudre M. Ricard et le magnétisme, en démontrant que l'un et l'autre ont guéri M. Pihoué, abandonné de trois médecins. La preuve de cette cure est tout à fait pertinente , selon moi, car elle aggrave les torts de M. Lafeuillade, et, par cela même , elle atténue beaucoup ceux du prévenu ; elle atteste que M. le procureur du roi n'avait pas même un prétexte à la campagne qu'il a entreprise contre le somnambulisme. Elle est conséquemment une démonstration péremptoire que, sous ces beaux mots, se cachait un seul et unique intérêt bien mesquin, et un besoin bien peu avouable. Or, à ce sujet , Ricard, dans sa notification, prend la liberté grande de rappeler au magistrat : «Que » les épithètes grossières qu'il lui adressait n'avaient *aucun mo-* » *tif*..... en admettant, dit-il, que les injures et les outrages » soient jamais permis à l'égard des personnes que le parquet » poursuit ;—hypothèse inadmissible, car le ministère public, » qui a la haute et sainte mission de réprimer les délits, en » recherche les preuves, les rassemble contre les délinquants; » mais il n'insulte, n'outrage, ne diffame, ne calomnie jamais qui que ce soit. » Il faut avouer, Messieurs, que ces réflexions ne manquent ni de noblesse, ni de vérité, et que pour un charlatan ce n'est pas trop mal. — Il est curieux qu'une pareille leçon arrive à M. Lafeuillade de la part d'un *roué,* d'un *hy pocrite* dont le langage ressemble autant à celui d'un grave magistrat, que celui de M. Lafeuillade y ressemble peu.

» Nous arrivons à la septième articulation. Le réquisitoire

écrit de M. Lafeuillade contient-il les passages où M. le procureur du roi, qui aime tant les représentations théâtrales, aurait dépeint Ricard comme le chef d'une *misérable comédie*, poussant la dérision jusqu'à proposer aux médecins de M. Pihoué *de les initier à sa science?* — etc., etc. Ce réquisitoire est aux pièces : nous demandons la permission de le faire connaître au jury : car, si les manœuvres coupables de l'homme contre lequel on réclamait toutes les rigueurs de la loi ont consisté à vouloir initier les médecins du malade aux procédés de son charlatanisme, il en résulte au moins que ce *roué* était de bonne foi.... ; et que, si, dans sa haute sagesse, M. Lafeuillade dédaigne le magnétisme, ce n'était point une raison pour être aussi sévère envers un vrai croyant. Le génie, qui voit et sait beaucoup, devrait se rapprocher de la divinité, qui sait tout...., en ayant de l'indulgence pour les simples : il devrait au moins ne pas les traiter comme on traite les voleurs et les filous. Or, quand on a eu le tort de les traiter ainsi, tout exprès pour amuser les dames, qui ont trouvé la plaisanterie mauvaise et ridicule, on n'est pas un *infâme*, mais on est quelque chose qui ne ressemble guère au portrait que d'Aguesseau traçait comme type du ministère public.

» Je ne dirai rien de la huitième articulation. Elle concerne le tribunal de Bressuire, auquel nous n'en voulons nullement. Evidemment nous serons admis à lire sa sentence, et à y trouver la justification du prévenu. Du reste, nous serons à son égard encore plus modéré, si c'est possible, qu'envers M. Lafeuillade. Les trois juges sont plus à plaindre qu'à blâmer. Ils ont été dans la situation de tous ceux qui se laissent entraîner aux charmes d'une éloquence irrésistible. M. Lafeuillade leur a demandé de la prison, de l'amende.... : ils ont donné amende et prison. Le procureur du roi est comme Orphée : il entraîne tout..... au charme de sa voix.

> Saxa movere sono testudinis et prece blandâ
> Ducere quò vellet !

(Hilarité générale.)

» Je le répète, les juges sont tout à fait innocents ; le coupable, c'est l'auteur du réquisitoire, si plein des suavités harmonieuses que vous savez.

» Messieurs, vous ordonnerez la preuve de tous ces faits : car tous ils justifient complétement ou atténuent au plus haut point les reproches adressés à M. Ricard, et je suis fâché qu'on insiste tant en faveur de M. Lafeuillade pour les repousser. On pourrait croire que, malgré son incrédulité, M. l'avocat général redoute fort que nos témoins n'en disent même plus que nos articulations ; et c'est une manière de protéger les plaignants qui, tout en faisant beaucoup d'honneur au caractère de mon habile contradicteur, laisserait supposer que M. le procureur du roi de Bressuire aime mieux l'ombre et le silence que *ce grand jour* des débats dont on parlait au début de cette déplorable affaire. »

— *Subsidiairement* Mᶜ Ledru conclut à ce que les témoins soient entendus sur la moralité du sieur Ricard et sur ses connaissances comme magnétiseur.

M. Lavaur réplique immédiatement.

Il se plaint de ce qu'à l'occasion d'un simple incident de procédure, une défense trop spirituelle, incisive, acerbe, ait changé les situations, et que le plaignant joue en quelque sorte, dès le début, le rôle d'accusé. *En droit*, M. l'avocat général insiste fortement sur *l'inadmissibilité* des faits, qui ne prouvent pas ce que le prévenu est tenu de *prouver*, c'est-à-dire *l'infamie.*

« Quant à la lettre de M. Legressier, on ne peut la produire. La loi exige la notification des pièces dont on veut se servir : la défense n'a pas notifié aux termes de droit, car elle s'est bornée à notifier de *prétendus extraits* de la lettre. Des *extraits* d'une pièce ne sont pas la pièce.

» Tout est rigoureux dans une loi qui permet au diffamateur d'apporter non pas de semi-preuves, mais des preuves sérieuses, complètes, irrécusables. »

Mᶜ Charles Ledru : « M. Ricard n'a pas cherché le procès qu'on lui fait. Il faut ou qu'il accepte la condamnation qu'on demande contre lui, ou qu'il démontre qu'il ne l'a pas méritée. Comment faire cette démonstration...? En prouvant que la conduite de M. Lafeuillade à son égard est blâmable : et que faisons-nous pour cela?... Avons-nous dit au jury : « Croyez-nous sur parole... »? Non ! nous avons dit au con- traire : « Voici nos témoins... Et quels témoins?...» ce qu'il y » a de plus respectable à Bressuire. » Nous ne nous sommes point bornés à cela. Nous avons voulu mettre M. Lafeuillade en présence de ces témoins, pour qu'il pût les *contredire*. Car nous n'agissons point dans l'ombre comme ceux qui aujour- d'hui vous serrent la main amicalement, et qui le lendemain vous enverront en prison, sans explication, sans avertisse- ment, sans prétexte. Si nous portons un coup, même en *nous défendant*, nous voulons que ce soit loyalement, par devant, à la manière des chevaliers. C'est pourquoi nous avons invité M. Lafeuillade à assister comme témoin à ces débats ; et notre invitation est de celles auxquelles on ne résiste pas... A tout seigneur tout honneur : M. le procureur du roi l'a re- çue sur papier timbré, par ministère d'huissier, revêtue de toutes les solennités, et conforme aux règles de la politesse légale.

» Quant à la notification par *extrait* de la lettre de M. Legres- sier, je m'étonne que mon habile adversaire soit tombé dans une erreur qu'il reconnaîtra lui-même. Jamais, en matière de diffamation, les pièces ne se notifient que par extraits. C'est ce que fait l'acte d'accusation lui-même, qui ne contient pas toute la brochure de Ricard, mais seulement les parties in- criminées. J'ai eu l'honneur de défendre souvent les *mauvais journaux :* or, aucun acte d'accusation ne contenait le journal entier : on ne cite que la partie poursuivie. Sans cela, en admettant qu'au lieu d'un journal l'écrit incriminé fût un li- vre, *un in-folio*, il faudrait donc en donner copie entière !

» Je vois MM. les huissiers sourire à une pareille jurispru- dence.... (Rire général.) Mais le moindre défaut du système que je combats serait l'impossibilité matérielle de sa mise en pratique. »

M. le Président : La Cour ordonne qu'il en sera délibéré.
— La Cour se retire, et, après une demi-heure, M. le Président prononce un arrêt par lequel, « Attendu que les faits
» articulés ne sont ni *pertinents* ni *admissibles*, elle ordonne
» que les témoins ne seront pas entendus sur ces faits ;

» Mais, statuant sur les conclusions subsidiaires de Me Le-
» dru, elle ordonne que les témoins seront entendus sur la
» moralité de M. Ricard, et sur sa conduite et ses lumières
» comme *magnétiseur.* »

On appelle les témoins.

Le premier témoin est le greffier du tribunal de Bressuire. Il a vu le premier le placard affiché à la porte du tribunal et du procureur du roi ; ce placard annonçait la mise en vente de la brochure incriminée. « Je la vis, dit-il, je la lus..., et je
» la portai à une dame qui m'avait prié de la lui procurer. »

Me Ch. Ledru : M. le greffier est *au parfait.*

M. Barrion (Firmin), docteur en médecine à Bressuire.

M. le Président : Que savez-vous, Monsieur, au sujet de la brochure incriminée ?

M. Barrion : M. le président, je désirerais savoir si M. Lafeuillade est présent : car, ayant à dire ce que je pense de lui, je serais fâché d'accuser un *absent.*

M. le Président : Vous n'avez point à vous expliquer sur M. Lafeuillade : la Cour a statué à cet égard.

M. Barrion : J'en suis fâché ; j'avais quelque chose à dire.

M. le Président : N'avez-vous pas distribué la brochure de M. Ricard intitulée : *Arrêt de la Cour de cassation concernant le magnétisme ?*

M. Barrion : Je l'avais lue attentivement ; j'en approuvais tout le contenu, car je connaissais les faits ; et comme je connaissais la lettre de M. Legressier, qui se plaignait vivement de M. le procureur du roi, j'ai participé avec plaisir à son annonce. — J'ai distribué des brochures et des placards ; et, si j'avais à recommencer, je le ferais encore de grand cœur pour venir en aide à un honnête homme injustement persécuté.

M. le Président : Il faut de la modération, et vous pourriez avoir tort de prendre parti si activement dans une affaire qui a de la gravité.

M. Barrion : J'ai le sentiment d'avoir accompli un devoir.

Me Ch. Ledru : Je prie M. Barrion de dire ce qu'il sait de M. Ricard, de sa conduite envers M. Pihoué, dont lui-même était médecin ; enfin, de la moralité du prévenu comme homme et comme magnétiseur.

M. Barrion : Je n'ai connu M. Ricard que sous les rapports les plus honorables, et voici dans quelles circonstances. M. Pihoué avait écrit à M. Ricard, comme magnétiseur, pour lui demander une consultation. Cette consultation, envoyée *sur une mèche de cheveux,* décrivait parfaitement la maladie de M. Pihoué, qui crut devoir mander M. Ricard à Bressuire. Là, M. Ricard magnétisa M. Pihoué, et le malade éprouva les plus heureux effets de la magnétisation. M. Bienvenu et moi assistâmes à une autre séance où M. Ricard endormit Mademoiselle Virginie. Cette somnambule nous étonna par ses réponses vraiment extraordinaires. — Je me rappelle un fait digne d'être signalé. M. Pihoué éprouvait des attaques dont la durée était ordinairement de plusieurs heures. Un jour une de ces attaques eut lieu en présence de M. Henri de La Rochejacquelein, M. Ricard fut appelé aussitôt.... Il fit quelques passes, et en un instant la crise cessa comme par enchantement.

Me Ch. Ledru : M. Barrion sait-il si M. Ricard a voulu exploiter la crédulité de M. Pihoué? L'aurait-il emmené à Paris contre la volonté de sa famille? — *R.* C'est M. Bienvenu et moi, médecins de M. Pihoué, qui, après avoir vainement essayé d'obtenir de bons résultats, avons conseillé à M. Pihoué de suivre un traitement nouveau qui s'annonçait si bien, et en effet M. Pihoué a été rendu à la santé. — La conduite de M. Ricard a été en tous points honorable. Il voulait même initier M. Bienvenu et moi au magnétisme pour que nous pussions continuer ce traitement à Bressuire. Nous avons jugé plus convenable de nous abstenir, ne nous étant ni lui ni moi occupés de cette science.

MM. Garro , Chaillou, Denou, habitants de Bressuire, ont vu les placards qui annonçaient la brochure ; ils étaient affichés à la porte du tribunal et de M. le procureur du roi.

M. de Pont-Levois , juge d'instruction près le tribunal. Il sait que M. Pihoué apprit par Marie-Anne Bertrand , sa cuisinière, qui avait été autrefois celle de M. Desanneaux , de Chiché , que la fille de ce dernier, abandonnée des médecins, avait été guérie par M. Ricard. Il le consulta lui-même, et, la réponse du magnétiseur l'ayant satisfait, il le fit venir à Bressuire, où M. Ricard opéra sous les yeux des médecins. — M. de Pont-Levois sait que M. Ricard était entouré du patronage de personnes distinguées.

M^e Ch. Ledru : L'honorable témoin pourrait-il dire qui assistait à la séance qui eut lieu à Bressuire ?

M. de Pont-Levois : Toute la société y était ; M. Lafeuillade lui-même était présent.

M^e Ch. Ledru : Le témoin sait-il si M. Lafeuillade a interrogé la somnambule ?

M. de Pont-Levois : Oui, il s'est mis en rapport avec Mademoiselle Virginie en lui prenant la main.

M^e Ch. Ledru : Mademoiselle Virginie a-t-elle répondu aux questions de M. Lafeuillade ? — *R.* Elle lui a donné des réponses au sujet de sa santé après l'avoir examiné attentivement.

M^e Ch. Ledru : Quelle réponse? — *R.* Elle lui a dit qu'il éprouvait des palpitations.

Madame de Pont-Levois. Cette jeune dame dépose qu'elle n'a rien connu que d'honorable de M. Ricard.

M^e Ch. Ledru : Madame de Pont-Levois peut dire mieux que personne si Mademoiselle Virginie avait des manières convenables et dignes de la société où elle avait eu l'honneur de se trouver, près de Madame de Pont-Levois elle-même.

Madame de Pont-Levois : Elle était très convenable.

Mᵉ Ch. Ledru : M. le procureur du roi assistait-il aux séances magnétiques ? — *R.* Oui, Monsieur, et il s'est mis en rapport avec Mademoiselle Virginie. Elle lui a dit l'état de sa santé : il avait, selon elle, des palpitations.

M. Delamotte, receveur de l'enregistrement. Il donne les meilleurs renseignements sur la moralité de M. Ricard : c'est l'opinion unanime de la ville de Bressuire. Un de ses amis a été guéri complétement par M. Ricard, et il lui avait remis une lettre d'introduction pour le témoin.

Madame Branger, directrice de la poste. Elle ne peut être entendue, n'ayant à déposer que des faits dont la preuve n'a pas été admise.

M. Barrion, avocat, était ami intime de M. Pihoué. Celui-ci n'a eu qu'à se louer de M. Ricard. Dans le cours des procès de Ricard, il a reçu des témoignages de sympathie des personnes les plus élevées et les plus honorables.

Madame Barrion. Cette dame ôte son gant en souriant, et répond aux questions de Mᵉ Ledru, que M. Ricard et Mademoiselle Virginie ont été bien accueillis par toute la société de Bressuire. La tenue de cette demoiselle, dit-elle, a été parfaite.

Mᵉ Ch. Ledru : Madame Barrion sait-elle ce qui s'est passé à la séance de somnambulisme, entre M. le procureur du roi et Mademoiselle Virginie ?

Le témoin : M. Lafeuillade a voulu se mettre en rapport avec elle ; elle lui a dit qu'il avait une *maladie de cœur.*

Mᵉ Ch. Ledru : A-t-elle parlé du remède à appliquer ?

Le témoin : Sa réponse a fait rire toutes les dames : elle était relative à l'affection annoncée.

Mᵉ Ch. Ledru : Quels étaient les sentiments de la famille Pihoué pour M. Ricard ? — *R.* M. Pihoué et sa femme disaient que leur reconnaissance serait éternelle ; ils ne parlaient de M. Ricard que comme d'un *sauveur* et dans les termes les plus honorables.

Me Giraut, avocat à Niort : Il a plaidé pour M. Ricard ; il ne sait rien de plus.

M^e Ch. Ledru : Nous avions cité Me Giraut pour des faits dont la preuve n'est pas admise.

M. Leboiteux, substitut du procureur du roi à Bressuire, était à la séance de magnétisme donnée par M. Ricard.

M. le Président : Quelle opinion avez-vous conçue de M. Ricard?

Le témoin : On n'a pas cru aux faits merveilleux.

M^e Ch. Ledru : Quelles personnes cache cet *on* de M. le substitut?

Le témoin : Monsieur, je dis mon opinion, et vous ne m'en empêcherez pas.

M^e Ch. Ledru : Le témoin dit qu'il n'a pas cru. Cela peut être, et même doit être; il y a des choses que tout le monde ne voit pas. Les hommes les plus intelligents et les plus capables de voir, tels que les docteurs Bienvenu, Barrion et Bernard, ont été étonnés des faits extraordinaires qu'ils ont vus. M. Leboiteux n'a pas été convaincu, il en avait bien le droit; mais je lui demande l'explication de ce mot : *On n'a pas cru.*

M. Leboiteux : Il y avait deux camps : les uns croyaient, les autres ne croyaient pas.

M^e Ch. Ledru : A la bonne heure; mais ces derniers n'étaient pas les plus forts; je le prouverai.

M. Dufraysse-Lafeuillade, appelé aussi comme témoin à la requête du prévenu, s'avance et demande à la Cour la permission de donner une explication avant de prêter serment.

M. le Président : La défense persiste-t-elle à faire entendre M. Lafeuillade?

M^e Ch. Ledru : La défense aura égard à la position de M. Lafeuillade. Je renonce à son témoignage.

M. Lafeuillade se retire et va s'asseoir derrière les magistrats de la Cour, à côté de M. le lieutenant-colonel de la garnison de Niort.

Il est cinq heures ; l'audience est levée.

AUDIENCE DU 23.

La foule est aussi nombreuse qu'à l'audience d'hier. Un nouveau banc a été préparé pour les dames.

M. Lafeuillade assiste toujours aux débats à la place qu'il occupait la veille. A côté de lui on remarque M. Leboiteux, son substitut.

La parole est à M. l'avocat général, qui s'exprime ainsi :

« Messieurs, de nombreux témoins ont été appelés à ces débats. Aucun d'eux ne pouvait vous éclairer sur cette affaire, et la sagesse de la Cour a écarté ceux qui auraient pu nous jeter en dehors des faits. Les voici dans toute leur simplicité ; nous les exposerons avec calme, en regrettant qu'au sujet de l'incident vidé par la Cour on ait fait entendre des paroles trop spirituelles, trop incisives, contre un magistrat honorable, qui a eu raison de se plaindre de diffamation et d'outrages, ainsi que le tribunal offensé avec lui.

» Un homme honorable était malade à Bressuire. Il y a des circonstances où la science recule, et il paraît qu'elle avait peu d'espoir de guérir M. Pihoué. Une jeune fille avait dû son rétablissement au sieur Ricard, se disant professeur de magnétisme ; c'était Mlle Desanneaux. On consulte son père ; il dit que Ricard peut, sur le vu d'une *mèche de cheveux*, décrire la maladie qu'on éprouve, en signaler tous les syptômes et y apporter remède. La souffrance est crédule : la mère de M. Pihoué écrit à M. Ricard ; il répond qu'il viendra à Bressuire moyennant 1,500 fr., ou qu'il enverra M. Villemin, son premier élève, et sa première somnambule, moyennant 1,000 fr. Naturellement on veut avoir M. Ricard lui-même, et il arrive avec la demoiselle Virginie Plain.

» Sans nous préoccuper du mérite du magnétisme, nous signalerons un fait grave dans ce procès : Mlle Virginie , qui prononçait les oracles, était désignée sur le passe-port de M. Ricard comme sa femme. On ne le niera pas ; la preuve est au dossier. Tous deux ont logé dans le même hôtel, dans la même chambre. Ceci est encore incontestable et important pour la moralité. Quelques jours après l'arrivée à Bressuire se place un fait qu'il importe encore de noter : M. Ricard et Mlle Virginie vont à Chiché faire visite à M. Desanneaux ; ils sont seuls avec le malade, dans la même voiture , et c'est au retour de ce voyage que celui de Paris est décidé. Mme Pihoué était au désespoir de voir partir son mari avec des associés dont la moralité n'avait rien de certain. Dans sa tendresse elle avait de justes sentiments de crainte. D'ailleurs l'opinion publique était inquiète de ce départ : on ne croyait pas aux moyens miraculeux de guérison. La raison examinait, et on était au moins dans le doute. Plusieurs membres de la famille de M. Pihoué étaient livrés à toutes les sollicitudes que comportait cette situation étrange. En un mot, M. Ricard n'était plus l'homme de la science; c'était un inconnu faisant en quelque sorte abus de pouvoir pour enlever à sa famille un malheureux père, l'entraîner dans la capitale, s'emparer de sa fortune.

» La justice a mission de veiller à la sûreté des citoyens , même lorsqu'ils ne se plaignent pas ; elle dut d'abord s'enquérir de la moralité du magnétiseur. Etait-ce un savant professeur de magnétisme? Etait-il réellement accompagné de sa femme ? On demande des informations à la source où les magistrats vont naturellement puiser, et M. le préfet de police répond que Ricard est *un jongleur*, feignant un pouvoir qu'il n'a pas, que Mademoiselle Virginie est une fille entretenue. Or dans un des livres de M. Ricard nous avons lu qu'une des conditions premières des succès du magnétisme, c'est que la somnambule soit *pure* et *vertueuse*. Celle-ci est la fille d'un obscur paysan; elle a quitté son pays à quinze ans avec sa mère; elle a pris la place de l'épouse près de Ricard. Depuis qu'elle a quitté son village, M. le maire n'a eu d'elle aucune nouvelle. Voilà les renseignements puisés par M. le procureur du roi de Bressuire aux sources les plus pures, près de l'administration de la police. Ne fallait-il pas que M. le procureur du roi Lafeuillade eût égard à ces révélations, et devait-il souffrir que d'honnêtes mères de famille fussent exposées à recevoir dans leur intimité un tel professeur et une telle somnambule?

» M. Lafeuillade, homme de cœur, d'honneur, d'énergie, expose ces faits à la chambre du conseil : trois juges renvoient Ricard et Virginie Plain en police correctionnelle. On appelle. Cinq juges à Niort augmentent la condamnation, qui, d'un mois de prison, s'élève à six mois pour les deux inculpés. — Il est vrai que la Cour de cassation, qui n'est pas juge des faits et qui ne statue qu'en droit, a annulé la décision du tribunal de Niort, par le motif que les juges avaient établi l'escroquerie uniquement sur l'emploi du magnétisme; il est vrai aussi que la Cour d'Angers a acquitté Ricard; mais il n'y a pas long-temps que la Cour de Poitiers a condamné le sieur Feugère, magnétiseur, à quinze mois de prison pour escroquerie à l'*aide du magnétisme*. Son arrêt est de décembre 1841. — Il y a donc de graves autorités contre la doctrine favorable aux magnétiseurs, tels que le sieur Ricard.

»En résumé, Ricard a été heureux devant la Cour de cassation et devant la Cour d'Angers; il était oublié lorsqu'il a révélé son existence par un acte qui s'accorde avec les renseignements donnés sur lui par la police de Paris. Que fait-il? Il affiche un écrit où la conduite d'un magistrat est qualifiée d'*infâme!* où tous les égards dus à la justice sont oubliés.... Et la mère de M. Lafeuillade apprend par cette brochure que son fils, l'objet de sa tendresse, l'honneur de ses vieux jours, n'est qu'un *infâme!* Il fallait qu'elle baissât les yeux, qu'elle eût à rougir de ce fils si honorable.... Il a eu le courage de ne pas s'humilier devant l'insulte, et de demander satisfaction à la loi. Nous l'en félicitons hautement. La magistrature n'a pour dédommagement de ses pénibles fonctions que l'honneur, la considération, l'estime des justiciables. Il faut garder intact ce noble dépôt. Le tribunal de Niort a dédaigné de demander satisfaction de l'outrage qui l'atteignait aussi. Les juges de Bressuire ne pouvaient y répondre par le même dédain, car il fallait bien sévir contre l'auteur des placards affichés à leur porte. La calomnie avait envahi le seuil de leurs maisons, elle avait au moins respecté l'asile des juges de Niort. »

M. l'avocat général rappelle que M. le procureur du roi de Bressuire a répondu, *le jour même* de la demande de Ricard, à l'obtention de sa liberté provisoire sous caution, en concluant à l'admission de cette caution. — C'est ainsi qu'il se montrait hostile et persécuteur !

Le ministère public insiste sur l'outrage fait au tribunal de Bressuire, « *qui aura bien de la peine à faire croire qu'il* » *n'a commis qu'une erreur.* » Est-il possible d'insulter plus gravement un tribunal tout entier ? De telles atteintes sont-elles tolérables ?

M. l'avocat général reproche ensuite à Ricard d'avoir dit que Mᵉ Mandaroux-Vertamy avait approuvé la brochure incriminée, car Mᵉ Mandaroux avait obtenu de Ricard qu'il déclarât le contraire devant la Cour d'Angers. L'instruction le prouve.

Au reste, M. Legressier, dans la correspondance duquel on a puisé cette épithète d'*infâme*, a désavoué par écrit l'interprétation donnée à ce mot, qui s'appliquait aux auteurs d'écrits anonymes, et nullement à M. Dufraysse-Lafeuillade.

« Ainsi M. Ricard a été désavoué par un avocat en cassation, désavoué par M. Legressier.... Il pouvait rentrer dans le chemin de l'honneur en ayant recours à l'indulgence du jury. Au lieu de cela, c'est lui qui accuse ; il ne se défend pas : les rôles sont changés. Mais , Messieurs les jurés , vous ne souffrirez pas un tel renversement de principes.

» Tout, Messieurs, aboutit à vous. Sans vous les lois sont inutiles et stériles ; vous protégez la propriété des citoyens, l'honneur de nos filles et de nos femmes; vous protégez aussi l'honneur des magistrats, et c'est là une belle mission. La diffamation est la plaie de notre époque, et il n'y a point de baume contre ses blessures, car on l'a dit : « *C'est un charbon* » *qui noircit quand il ne brûle pas* » ; du moins vous ferez contre le coupable ce que la loi vous permet de faire pour maintenir le respect dû aux magistrats, et je dépose avec confiance leur honneur en vos mains. »

Ces paroles, prononcées avec un chaleureux entraînement, produisent un vive impression sur l'auditoire.

M Charles Ledru* s'exprime ainsi : « Voici plus de trois ans qu'un homme distingué par ses études et par des travaux connus dans la science a été tout à coup arrêté dans sa carrière, jeté en prison, diffamé, condamné comme escroc, ruiné moralement, et réduit à mener une vie d'humiliation, de honte, de tortures de toute espèce. Quel est ce homme ? Il y a quinze ans qu'il professe la magnétologie. J'ai dans mon dossier les pièces officielles qui attestent en outre qu'il a publié à Bordeaux, à Toulouse, à Paris, des recueils spéciaux ; enfin voici trois volumes du même auteur ; et si j'en parle (car toutes ces publications sont bien connues), c'est pour dire que M. le ministre de l'instruction publique, homme aussi compétent que M. le procureur du roi de Bressuire et son substitut, a remercié M. Ricard dans des termes dignes d'un homme d'esprit, de science et de bon goût, au sujet de l'hommage qu'il lui faisait de son *Cours théorique et pratique du magnétisme animal.*

» Cet écrivain, cet ouvrier modeste de la science, n'est pas d'une naissance illustre. Ce n'est, comme on a dit, *qu'un paysan.* Après des études sérieuses auxquelles ses pauvres vieux parents avaient sacrifié leur patrimoine, il s'est voué dans le silence à l'examen d'une question pour laquelle quelques beaux esprits croient avoir le droit d'afficher beaucoup de dédain, mais qui depuis long-temps préoccupe de plus fortes têtes que celles de ces Messieurs, et il suivait tranquillement sa route portant avec son petit bagage scientifique le noble fardeau d'une mère âgée, infirme, d'un jeune enfant..., lorsqu'il a eu le malheur de poser le pied sur le territoire où M. Lafeuillade fait fleurir une justice de sa façon.

» Pourquoi M. Ricard était-il venu à Bressuire ? On vous l'a dit : il avait sauvé Mademoiselle Desanneaux, abandonnée par *trente* médecins (le chiffre est rigoureux) tant de Paris que de *Chiché*. Une ancienne cuisinière de la famille Desanneaux avait quitté ce service pour celui de M. Pihoué, où elle avait eu l'honneur de mériter souvent, dans l'exercice habile de son art, l'estime de M. le procureur du roi. (On rit.) Elle raconte à son nouveau maître le miracle dont elle a été témoin, et M. Pihoué envoie la mèche de cheveux sur laquelle est arrivée une réponse qui a fait rire de pitié les savants du parquet, mais qui expliquait toutes les circonstances de la maladie du consultant. — M. Pihoué et sa famille, ses médecins , croient qu'après tout on ne risque rien de mander à Bressuire le magnétiseur si heureux dans les circonstances signalées.... M. Ricard fait son prix ; ce prix est accepté, il vient.

» Une première séance a lieu en présence des médecins. M. Pihoué est magnétisé. Il dit dans son sommeil qu'il éprouve une sensation inexprimable de bien-être ; il annonce que le magnétisme le guérira. Mademoiselle Virginie est mise en état de somnambulisme..., et à ce sujet le médecin dit dans sa déposition écrite : « Je fus frappé de la *lucidité*, de la *jus-* » *tesse*, de la *vérité* de ses réponses. » Toute la ville de Bressuire assiste à une autre séance. Là figurent les autorités, M. le conservateur des hypothèques, les juges du tribunal, les dames les plus distinguées..., et en tête de la réunion nous voyons M. Dufraysse-Lafeuillade...., M. le procureur du roi, non plus comme simple spectateur, mais comme acteur : car il a mêlé son fluide à celui de Mademoiselle Virginie ; les débats d'hier vous l'ont révélé. (On rit.)

» C'est dans ces circonstances qu'eut lieu le voyage de Chiché, qui a scandalisé le trop vertueux procureur du roi. « Remarquez, dit-il, l'astuce de Ricard, qui, se rendant chez » M. Desanneaux, dont il avait sauvé la fille, y va avec M. » Pihoué et Mademoiselle Virginie, dans la même voiture, » car M. Desanneaux était à côté d'eux dans son cabriolet. » C'est dans cette voiture que se décidait, au moyen de la sé- » duction de deux complices, le départ de M. Pihoué pour » Paris ! On avait eu soin que Madame Pihoué ne fût pas du » voyage. »

» Pour un homme qui se plaint de diffamation, cette explication est bien peu charitable. D'abord pourquoi Madame Pihoué n'était-elle pas du voyage ? Elle l'a dit : « C'était le *jeudi* » *saint*, et ce jour là n'était pas commode pour elle »; et puis ne faut-il pas avoir la maladie de *requérir* à tout prix pour interpréter d'une manière si peu chrétienne le fait du monde le plus simple. Quoi! M. Desanneaux vient chercher un homme auquel il a voué une reconnaissance éternelle.... M. Desanneaux met par politesse trois personnes dans la calèche, il monte seul dans son cabriolet..., et ceci forme le *fond* de l'histoire effrayante qui va suivre! En vérité c'est de l'absurde à trop forte dose. Mais poursuivons.

» Le départ de Paris est décidé. Qui l'a voulu ? Les médecins vous l'ont dit hier ; ils l'ont déclaré à satiété dans l'instruction écrite. « Nous ne craignons pas de dire, déclarent- » ils, que c'est nous qui avons conseillé ce déplacement. Les » moyens de traitement employés n'ayant pas réussi, nous » avons cru qu'il y avait raison suffisante d'essayer un nou- » veau traitement, et nous pensions d'ailleurs qu'il était utile » de soustraire M. Pihoué aux lieux où son esprit avait été » si souvent exercé dans le sens de son délire, et où il se

» croyait persécuté par des personnes qui cherchaient à l'em-
» poisonner et à le faire assassiner. »

» Et quant à la désolation que ce départ causait à Madame
Pihoué, c'était la douleur toute simple d'une séparation. Les
gens qui s'aiment ne se séparent jamais sans une blessure
au cœur. C'est un déchirement vrai au moral comme au
physique quand on désunit les objets attachés l'un à l'autre. — Il y a ici des mères qui pleurent quand, à la fin
des vacances, leurs fils retournent au college *pour leur
bien*. Ainsi souvent une affection vraie s'impose de pénibles sacrifices. Mais écoutez encore les médecins : « Con-
» naissant les dispositions de Madame Pihoué, ses habitudes
» d'expansion trop vive auprès de son mari dans tous les
» cas qui pourraient lui donner de l'inquiétude, nous étions
» d'avis *qu'elle ne l'accompagnât pas, et nous nous efforcions de
» lui faire concevoir l'utilité de ce parti*. D'un autre côté, l'é-
» loignement de M. Pihoué était une chose nécessaire, afin de
» le soustraire *à des influences* funestes à sa santé. »

» Enfin n'oubliez pas que cet *escroc* dont vous connaissez
déjà les procédés, cet *astucieux hypocrite* qui enlevait un mari
à sa femme, avait proposé aux médecins de laisser leur malade à Bressuire, et pour cela il leur proposait de les initier
à la magnétologie.

» M. Pihoué est à Paris; il est soigné, non pas comme un
malade par son médecin, mais comme un ami par son ami,
comme un frère par son frère. M. Chauvin de Lénardière,
ami intime de la famille, avait été chargé par Madame Pihoué de s'informer des détails les plus minutieux, et il dépose « qu'il l'a toujours trouvé entouré des soins les plus
» attentifs ; — on l'accompagnait à la promenade..... on al-
» lait jusqu'à se lever pendant la nuit pour voir s'il était
» tranquille, et le magnétiser s'il ne dormait pas. — Par des
» attentions aussi délicates on parvint à rétablir sa santé dé-
» labrée ; et je voyais chaque jour son état physique et moral
» devenir plus satisfaisant. »

» Alors le convalescent écrit à sa femme. Elle arrive..., et au lieu d'un mari dont la santé avait déconcerté les ressources de l'art, au lieu d'un mari invalide..., cette dame encore jeune retrouve un mari rétabli, complet, exact et régulier! (On rit.) Sa grand'mère, Madame Legrand, âgée de 83 ans, interrogée sur la manière dont M. Pihoué avait été traité à Paris, dépose « que Madame Pihoué, sa petite-fille, a trouvé » son mari très bien soigné et en bon état...... Pendant son » séjour à Paris, il n'a eu aucune crise. Elle sortait avec lui » tous les jours; ils allaient ensemble à l'opéra. »

» Madame Pihoué elle-même exprime sa reconnaissance dans les termes les plus enthousiastes. Le régime de Paris lui convenait; elle avait autour d'elle joie et santé...., les délices de l'opéra. Quant à M. Pihoué, il était non moins heureux, et cela se conçoit... : la santé... et l'opéra! Quel changement pour un homme qui, à Bressuire, n'avait pour toute distraction que l'audience du tribunal et les réquisitoires de M. Lafeuillade, qu'on dit peu amusants! (Rire général.)

» Cette nouvelle vie était si fort du goût de Madame Pihoué, qu'elle retourne chez elle afin d'y faire des arrangements qui lui permissent de se fixer pour la saison à Paris. elle se proposait d'emmener son fils..... Les préparatifs n'étaient pas terminés lorsqu'elle apprend que le procureur du roi médite quelque projet contre M. Ricard et sa somnambule.—Cela serait-il possible? Madame Branger la mère écrit à M. Lafeuillade de venir la voir..... Il s'y rend, une conférence a lieu.

» Madame Pihoué ne doute plus, — les desseins du parquet de Bressuire sont dévoilés..... Elle accourt à Paris, elle prévient Ricard..... M. Pihoué écrit à M. le préfet de police, au procureur général près la Cour de Poitiers...., partout : « Cet homme m'a sauvé...; il a rendu un mari et un père » à sa femme, à sa famille...; il a été pour moi plein de dé- » licatesse, de désintéressement, de bonté... Que lui repro- » che-t-on? C'est calomnie! Au nom du ciel, épargnez-vous

» des regrets éternels ! » Magistrats, pairs de France, font des protestations pareilles. M. Lafeuillade avait *requis...*, et le jour même 10 février 1842, date du réquisitoire, le juge d'instruction substituant M. de Pont-Levois avait, *avant toute enquête*, lancé un mandat d'amener ! Ricard était saisi à cinq heures du matin à son domicile, traîné à la Préfecture entre deux agents de police...; et après quinze jours, voyez la générosité ! M. le procureur du roi daignait conclure à l'admission de sa liberté provisoire, sous caution de 3,000 fr. *Trois mille francs !...* où les prendra-t-il, ce *jongleur*, ce *charlatan*, *qui n'a rien !...*

»Heureusement il y avait là un homme de cœur, un compatriote de Ricard... « Voilà les mille écus », avait dit Henri de Larochejacquelein. Et c'est ainsi que la rançon du prisonnier a été faite. Or M. Ricard ne marche pas plus que moi sous le drapeau de mon camarade Larochejacquelein ; mais un homme comme le noble Henri n'examine pas la bannière de l'opprimé auquel il vient en aide : il y avait iniquité commise à son égard par ceux qui doivent justice à tous; c'était assez pour que sa bourse fût au service de l'infortune. (Approbation.)

» Toutefois, en rendant Ricard à la liberté, on se réservait une fiche de consolation ; et quinze jours après, Mademoiselle Virginie était arrêtée à son tour, puis mise aussi en liberté provisoire sous caution de 1,000 fr.! Deuxième acte de clémence de M. de Bressuire. Quel bon prince ! (On rit.)

»Voilà les faits, Messieurs; ajoutez à cela le jugement de Bressuire, qui condamne pour de si odieux délits Ricard à un mois de prison, Mademoiselle Virginie à quinze jours, tous deux à l'amende; puis le tribunal supérieur, qui, sur l'appel *à minimá* du ministère public, les condamne ensemble définitivement à six mois de prison et à une forte amende.

Vous savez déjà que la Cour de cassation a fait justice sévère de ces condamnations, et que la Cour royale d'Angers a acquitté les inculpés. C'est à l'occasion de ces tribulations

judiciaires, et pour éclairer la Cour royale d'Angers, que
M. Ricard a publié la brochure incriminée.»

M^e Ch. Ledru examine en droit si un procureur du roi et
un tribunal qui commettent des erreurs comme celle dont
M. Ricard et Mademoiselle Virginie auraient été· victimes
peuvent être l'objet d'une censure sévère. Or que dit M. l'a-
vocat général *Chassan* dans son excellent traité?

« Le juge sur son siége, ou l'organe du ministère public
» lorsqu'il exerce ses fonctions, ne sont pas revêtus du man-
» teau de l'impunité. Il ne faut pas croire, en effet, que
» l'honneur et la réputation des citoyens soient à leur mer-
» ci; eux aussi sont soumis à la loi commune; et si, égarés
» par la passion, laissant de côté les éléments du procès, ils
» abusent de leur ministère pour commettre un délit, ils
» sont responsables.

» La diffamation ou toute autre infraction, quoique écrites
» dans un jugement, quoique sortant de la bouche du mi-
» nistère public, n'en sont pas moins des infractions; — à ce
» titre, elles obligent celui qui les a commises à réparer le
» préjudice qui en est résulté, soit envers les particuliers,
» soit envers la société. »

« Après deux ans de tribulations et de procès, M. Ricard
n'a pas jugé à propos de poursuivre M. Lafeuillade ni les juges
auxquels il doit tant d'angoisses. Il en avait assez de son passé
judiciaire. Mais il se devait à lui-même, il devait à sa famille,
à sa pauvre mère..., de se disculper devant l'opinion : car
lui aussi a une mère dont il est le seul appui!..... Les procureurs du roi ne sont pas les seuls dont les femmes, les filles
et les mères, ont des larmes...; et ils pourraient peut-être y
songer quelquefois!... Ricard voulut donc faire connaître à
tous ceux qui avaient appris la poursuite et la condamnation,
d'où et comment lui venaient tant d'avanies imméritées. —
Pourquoi cela? dit-on.....; il était acquitté. — Pourquoi?
Rappelez-vous, M. Lafeuillade, ce que disait tout à l'heure
mon éloquent contradicteur : « *La diffamation est un char-*

bon qui noircit toujours quand il ne brûle pas. » Mais quand ce charbon est sorti des mains ardentes d'un procureur du roi pour passer dans celles d'un tribunal dont les archives en garderont toujours les sombres traces, la diffamation cesse-t-elle de produire ses effets? Alors, au contraire, les traces qu'elle laisse ne sont-ce pas d'ineffaçables et honteuses cicatrices? — Et combien de temps, grâce à cette disposition grossière des natures malveillantes, toujours avides et insatiables de calomnie, ne dira-t-on pas de mon client : « Il a » fait de bons livres..., des cures étonnantes...; oui..., mais » c'est un *escroc*... Il a été acquitté, c'est vrai...; il y avait » pourtant quelque chose..., sans cela un grave procureur » du roi et deux juridictions ne s'y seraient pas trompés. » N'y eût-il dans son quartier que quelques médecins ennemis du magnétisme, croiront-ils manquer à la charité en disant de par la *chose jugée :* « Ne nous parlez pas des magnéti- » seurs : voyez Ricard ; tous ces gens-là, c'est du gibier de » police correctionnelle. »

» Ainsi, Messieurs, je n'excuse pas Ricard, je le *loue* d'avoir énergiquement protesté contre ce qui s'est fait à Bressuire. J'aime ceux qui pardonnent : la loi évangélique ordonne le pardon, et je la reconnais pour la plus belle de toutes les lois. Mais pardonner ce n'est pas accepter la honte. Il faut commencer par s'en purger. Ce n'est pas haine pour autrui : c'est dette envers soi-même..., et dût-on consacrer sa vie entière, dût-on donner sa vie même pour l'acquitter, il faut la solder à tout prix.

» Or, à ces diffamations, sous forme de réquisitoire ou de jugement (car la forme n'y fait rien), quelle était la réponse la plus péremptoire? C'était le récit simple, naïf, de ce qui s'était passé. C'étaient surtout les lettres si pleines de vérité, de cœur, de gratitude, de M. Pihoué, de sa femme..., de leur frère M. Legressier. Eh bien! Ricard publie la lettre de celui-ci. — Non seulement, selon M. Legressier, le magnéti-seur est innocent...; mais le poursuivre, vouloir le déshono-

rer, est une *infamie*. Est-ce que Ricard cite ce mot pour dire :
« M. Lafeuillade est *un infâme* » ! Non : il le cite pour attes-
ter sa propre moralité, dont la certitude arrache à M. Legressier une parole si véhémente.

» Ricard a le soin de supprimer dans la lettre ce qui sem-
blait accuser M. Lafeuillade d'avoir exposé la vie de M. Pihoué pour satisfaire à ses velléités vaniteuses. Car la lettre
contenait ces lignes : « Les soins que vous donniez à M. Pi-
» houé avec autant de désintéressement que de talent au-
» raient dû au contraire vous mériter les éloges d'un parquet
» qui connaissait la position malheureuse dans laquelle vous
» avez trouvé M. Pihoué. -- Mais il en a été autrement : *on*
» *a voulu* par un *anonyme déranger le traitement* qui rendait
» la vie à un homme qui s'est sacrifié à ses concitoyens.....
    » Voilà, Monsieur, comme on est récompensé de son dé-
» voûment. Mais LES MALHEUREUX, *si c'était leur intention*, ont
» trop attendu. M. Pihoué nous est rentré très bien portant ;
» il a parfaitement supporté le voyage.
    » C'est à vous, Monsieur, que nous devons le rétablisse-
» ment de la santé de mon beau-frère ; je vous prie de croire
» que ma reconnaissance sera éternelle.
    » J'espère toujours que ce procès, qui a tant de retentisse-
» ment dans ce pays, retombera sur le parquet. »
    » Vous voyez que dès lors un homme de bon sens avait vu en
perspective M. Lafeuillade devant le jury... et qu'il prévoyait
votre décision. Quant à M. Ricard, n'est-il pas évident que
sa publication était dictée non par un sentiment mauvais,
mais par le noble besoin de sa justification. »

M\u1d9c Charles Ledru, répondant au désaveu que M\u1d9c Mandaroux-Vertamy aurait fait de la brochure, trouve dans ce qui
concerne son honorable confrère une nouvelle preuve de la
loyauté de Ricard. Il avait chargé son imprimeur de soumettre la brochure à M\u1d9c Mandaroux. L'imprimeur n'avait
soumis que la partie de l'imprimé qui contenait la plaidoirie
de l'avocat ; mais Ricard l'ignorait. A peine l'a-t-il appris par

Mᵉ Mandaroux, qu'il écrit de lui-même au magistrat : « J'a-
» vais dit, dans ma première déclaration, que Mᵉ Manda-
» roux avait vu la brochure. C'est une erreur. » Et il l'expli-
que pour ne point laisser la moindre équivoque. Et cependant cette lettre, où se trouve le mot *infâme*, Mᵉ Mandaroux, qui n'est certainement pas un calomniateur, l'avait publiée *tout entière* dans son mémoire en cassation, dans lequel, pour le dire en passant, il a fait bonne justice de M. Lafeuillade et du tribunal de Bressuire : ces Messieurs en sont satisfaits, moi aussi. (On rit.)

Passant à l'examen des considérants du jugement de ce tribunal, « il faut avouer, dit Mᵉ Ledru, qu'ils sont étranges. Ils ne s'expliquent que par l'influence de M. Lafeuillade sur son tribunal. Le triomphe de l'éloquence a toujours produit de pareils miracles : ceux qu'elle séduit ne raisonnent plus. Je l'ai déjà dit : M. le procureur du roi a fait comme autrefois Orphée, dont la mélodie renversait les lois de la nature elle-même.

» Seulement sa mélodie ne renverse que les lois de la logique, comme il appert du jugement où le tribunal commence par établir en principe « qu'il ne s'agit pas de juger du mérite » et des effets du magnétisme animal », et punit comme escrocs le magnétiseur et sa somnambule, par la seule raison « qu'un semblable système (le magnétisme) est repoussé par » les premières notions du bon sens, et que, pour l'admettre, » il faudrait faire abnégation de sa raison. »

» Vous verrez plus tard, Messieurs, que, si les hautes lumières de M. Lafeuillade et de son tribunal ne s'abaissent pas jusqu'au magnétisme..., il y a d'autres hommes non moins éminents qu'eux, dont l'opinion peut balancer leur autorité. Mais je veux répondre d'abord à ce qui a été dit au sujet des renseignements moraux recueillis sur M. Ricard et sa somnambule par M. Lafeuillade, partisan chaleureux, comme on sait, de cette maxime : « La vie privée doit être murée ».

» Quel fait a donc tant alarmé la pudeur de M. Lafeuil-lade? En arrivant à Bressuire, M. Ricard a logé , ainsi que Mademoiselle Virginie, dans une chambre à *deux lits!* — Eh bien ! pour prouver qu'il était un *escroc*, l'argument n'est pas bien fort, et c'est comme *escroc* que vous l'avez fait jeter en prison : ce n'est pas à titre de voyageur suspect de ne point aimer à coucher seul. — Mais supposons que de la cohabitation on puisse conclure à l'escroquerie..., où est donc la preuve du délit contre la morale? — On a logé dans une chambre à deux lits? — Tant mieux ! cela prouve qu'il en fallait deux, tandis que l'hypothèse qu'on caresse n'en demandait qu'un. De l'argument opposé... je conclus donc *à contrario.*

» Et puis, en fait, on joue de malheur. Car le maître d'hôtel a été entendu. Ecoutez-le : « M. Ricard avait demandé deux » chambres, l'une pour Mademoiselle Virginie, l'autre pour » lui. — Il n'y en avait qu'une seule à deux lits... Ils l'ont » prise.

» Ils ont donc fait, comme on dit, de nécessité... vertu! Voyez le grand crime !

» Mais le passe-port dit : « M. *Ricard et son épouse.* » — Est-ce que, par égard même pour une dame avec laquelle on se met en route, il y aurait grand mal à ce que le passe-port la désignât pour épouse...., lorsque d'ailleurs la preuve contraire est écrite dans tous les détails du voyage? Les commis-voyageurs sont des hommes éminemment moraux , on le sait (Hilarité.); — mais cette mention au passe-port ne les rendrait certainement pas moins respectueux que s'ils se trouvaient en diligence côte à côte avec une demoiselle sans protection légale.

» Enfin la raison vraie est que M. Ricard a donné à la préfecture son vieux passe-port, et que le nouveau a été rédigé sur l'ancien. On n'aime pas en général à prendre les Messieurs du bureau des passe-ports pour confesseurs. Eh bien, fallait-il leur dire : « vous effacerez.... *son épouse,* je » n'en ai plus...., etc. » On ne songe pas à tout. Vraiment ,

M. Lafeuillade est bien exigeant, et c'est le cas de lui dire :

> L'excès en tout est un défaut ;
> Faut d'la vertu : pas trop n'en faut.

Et pourtant, Messieurs, sauf les prétextes tirés des soupçons sur la chasteté de Mademoiselle Virginie, qu'y avait-il pour autoriser M. Lafeuillade dans ses procédés sauvages ? — « Elle s'annonçait, dit-on, comme la femme légitime de » Ricard (ce qui par parenthèse est faux, ainsi que tous les témoins l'ont dit et répété dans l'instruction et à l'audience); » l'intérêt de la société exigeait que des dames distinguées ne » fussent pas exposées..... » Exposées à quoi ? grand Dieu ! M. Lafeuillade a les nerfs trop irritables à l'endroit de la morale, et cela tient sans doute à ses palpitations. Mais nous avons vu les aimables, les gracieuses dames dont il s'est fait le protecteur d'office. Il a semblé à tout cet auditoire, comme à moi, qu'en fait de tenue, de noble décence, de grâce pleine de dignité, Mesdames de Pont-Levois et Barrion n'avaient besoin des conseils ni de la tutelle de personne. Il me permettra de lui dire aussi que des natures aussi délicates ont plus que les mentors du parquet le sentiment de ce qui effleurerait leur modestie, et que, quand elles rendent le même et unanime témoignage à Mademoiselle Virginie, on peut s'en fier à l'impression produite sur elles, bien autant qu'à celle de M. le procureur du roi, et surtout autant qu'à celle des bons sujets de la police qui lui ont envoyé les notes dont il a composé le miel de son réquisitoire. (On rit.)

» Je veux en finir avec ces misères que mon honorable contradicteur a trouvées dans la prose de M. Lafeuillade, et qu'il a couvertes de son talent. Je ne dirai plus qu'un mot au sujet de la flétrissure de nouveau genre infligée à Mademoiselle Virginie : — « Elle a, dit-on, quitté son village à l'âge de » quinze ans.....; depuis lors, M. le maire de sa commune » n'a pas eu de ses nouvelles. »

» Cela est vrai, Messieurs, oui, Mademoiselle Virginie est partie à quinze ans !... Si c'était avec un officier de dragons, ou même avec un commis du parquet de Bressuire, je comprendrais les inquiétudes de M. Lafeuillade (Rire général.); or l'instruction dit « qu'elle est partie *avec sa mère!* » C'est un peu différent, je pense.

« M. le maire depuis ce temps-là n'a pas eu de ses nou-
» velles. » Tant mieux! tant mieux! Si elle était en correspondance avec ce fonctionnaire, M. le procureur du roi y aurait sans doute trouvé à redire : car un maire, quand il est jeune, n'est pas moins dangereux qu'un autre; et je pense qu'en pareille occasion on peut dire aussi, au point de vue de la morale : « Pas de nouvelles..., bonnes nouvelles. »

» En résumé, le charlatan, le jongleur, est un homme de science qui guérit les malades; ses escroqueries se résument en bénédictions de la part des familles qui l'appellent leur sauveur. Son immoralité.... n'a fait rougir que les consciences timides de la rue de Jérusalem. Et c'est dans de telles circonstances qu'un magistrat s'est joué de la liberté, de la fortune, de l'honneur d'un citoyen et d'une pauvre femme; et que, ne pouvant défendre son œuvre, il en a jeté l'odieux sur les notes de la police qu'il a eu l'air de prendre comme articles de foi! — Cependant M. Lafeuillade est magistrat; il sait bien que la justice s'éclaire avec les notes qui lui viennent de l'administration, mais que ces notes ne sont rien, judiciairement parlant; que ce n'est pas sur de tels éléments que se basent des arrestations; que ce n'est point surtout sur des documents non signés, dont les auteurs sont inconnus..., qu'on s'appuie pour jeter le trouble dans des existences qui ont droit à la protection de la loi. Comment donc, en admettant que Ricard eût flétri une telle conduite dans les termes les plus vifs, M. Lafeuillade oserait-il se plaindre?

» Ce que nous savons de cette conduite, n'est-ce pas la justification plus que complète du prévenu, *qui a le droit de prouver ce qu'il allègue contre le fonctionnaire?* Or je ne crains pas de le dire : ce qui ressort du débat est tellement grave, que nous pourrions dire avec la loi romaine que de telles énor-

mités dégénèrent en un véritable délit. — « *Si dolo malo*
» *judicaverit, tenetur ex vero delicto.* »

» Car, Messieurs, remarquez-le, quand même ces notes
de police eussent été véridiques, articulaient-elles une action
répréhensible aux termes de la loi criminelle?

» Supposons en effet que des rapports autres que ceux qui
s'établissent au moyen du fluide magnétique eussent existé
entre M. Ricard et Mademoiselle Virginie; supposons qu'au
lieu de deux lits il leur eût convenu de n'en avoir qu'un, en
quoi cela regardait-il M. Lafeuillade? — Il est procureur du
roi; mais je ne sache pas que M. le curé de la paroisse lui
ait confié le soin spirituel de ses ouailles. Or les choses qui
ne concernent que la chasteté ne sont pas du ressort de la justice humaine. C'est bien assez pour M. Lafeuillade des articles du Code pénal, qu'il interprète si bien, sans qu'il se mêle
encore des commandements de Dieu et de l'église...; et « l'œu-
» vre de chair tu ne désireras » n'est pas du tout de sa compétence. (On rit.)

» Pour s'occuper de ces choses-là, il faut grâce spéciale,
grâce d'état. Elle n'est point accordée aux profanes, surtout
quand ils sont sujets aux palpitations. (Hilarité générale.)

» Or c'est ici le cas d'ajouter un mot à la déposition de
Madame Barrion.

» Cette dame, dont le témoignage a produit tant d'effet
sur l'auditoire, n'a pas répondu tout à fait à une question
que lui adressait la défense. — « Quel remède, — disais-je,
» Mademoiselle Virginie a-t-elle conseillé à M. l'avocat du
roi, pour ses palpitations ?»—A cette question Madame Barrion a souri avec grâce et elle a rougi. — Qu'elle veuille bien
m'excuser, mais je suis obligé de compléter sa réponse, car vous
vous intéressez trop à la santé de M. Lafeuillade pour ne pas
aimer à connaître l'oracle tout entier; le voici : — La somnambule a recommandé à M. le procureur du roi, comme remède
aux palpitations, « la sagesse! » (Explosion d'hilarité.)

» Je ne lui en fais pas un reproche, Dieu m'en garde!
M. Lafeuillade a bien le droit de marcher sur les traces de

François Ier et d'Henri IV, qui ne vivaient pas non plus dans une abstinence parfaite. D'ailleurs il est garçon..., et, ne le fût-il pas..., je n'ai jamais entendu dire que, dans le serment'qu'on prête en qualité de procureur du roi, M. le garde des sceaux ait exigé rien qui ait rapport au vœu de chasteté. Si je parle de la *prescription* ordonnée par la somnambule, c'est pour prouver d'abord qu'il est certain chapitre sur lequel, à défaut d'autres motifs, il est prudent, même aux Catons, de ne pas se montrer trop rigoureux ; secondement... qu'il y avait haute imprudence à Mademoiselle Virginie de réjouir de charmantes dames comme Mesdames de Pont-Levois et Barrion aux dépens de M. Lafeuillade. « La vengeance est le plaisir des dieux. » Elle pourrait bien par conséquent se glisser dans une âme mortelle..., et une âme ulcérée est toujours redoutable quand elle a le pouvoir de se satisfaire !

» Quoi qu'il en soit, j'espère avoir rétabli à souhait la moralité de Ricard ; et, à présent, je me demande sous quel prétexte plausible on a pu attenter à sa liberté, à sa fortune, à son honneur? Je me demande aussi comment on a osé se plaindre du soupir douloureux qu'il a fait entendre après une persécution si acharnée, si injuste et si longue?

» Car, ne l'oubliez pas, MM. les jurés, c'est Ricard qu'on traduit devant vous ; l'accusé n'est pas le persécuteur, c'est la victime. « Ricard, dit-on, n'est après tout qu'un jongleur. — » Il a sauvé des malades désespérés..... Mais qu'importe ? Ne » sait-on pas que sa science n'est que charlatanisme? » Je m'abstiens, du reste, de répéter les beaux termes dont M. Lafeuillade a flétri Mesmer et ses disciples.

» Il importe que je m'explique sur cette partie de la cause, et que je lève l'anathème dont on a frappé le magnétisme. Ne craignez rien..., MM. les jurés, je ne veux pas vous endormir... (On rit.)

» Il y a plus d'un demi-siècle que Mesmer apporta au monde savant une découverte qui, condamnée en 1784 par l'académie, a été réhabilitée depuis lors par l'académie elle-même. Je ne connais rien de plus curieux dans l'histoire de l'esprit humain que les tribulations et les iniquités auxquelles fut en butte un savant qui dotait son siècle, et les siècles à venir, d'un si immense bienfait. Quelque intéressant que soit ce récit, il n'entre pas dans mon cadre, et je devrais me borner à saluer devant vous la mémoire d'un homme dont le nom est destiné à grandir chaque jour, et dont la gloire vivra encore long-temps après que la ville de Bressuire aura oublié que son procureur du roi a jeté dans les fers un de ses fervents disciples.

» Néanmoins, permettez-moi de faire quelques rapprochements qui ne manquent pas d'un certain intérêt philosophique. Ils vous apprendront qu'en fait d'injustices et de calomnies, on n'a rien inventé à Bressuire. Or, il n'y a pas un mot du réquisitoire de M. Lafeuillade qui n'ait été appliqué à *Mesmer* lui-même.... C'est la même histoire *mutato nomine*.

» Exemple :

» *M. Lafeuillade* dit : « Ricard ne put parvenir, malgré
» toute son habileté, à en faire accroire à personne sur le
» merveilleux de ses paroles et sur l'efficacité *curative* de ses
» pratiques. »

» Ecoutez ce que disait *Mesmer* :

« Guérissez, me crie-t-on de tous côtés, et l'on vous
» croira. Rien de plus faux. — J'ai très assurément fait des
» cures nombreuses à Paris : quoi de plus commun néan-
» moins que d'entendre décider qu'il n'en existe aucune. »

(Précis historique des faits relatifs au magnétisme animal, par
Mesmer, docteur en médecine de la faculté de Vienne, p. 37.)

» *M. Lafeuillade* parle « d'une consultation qu'il suffit de
« lire pour être convaincu qu'elle est l'œuvre du *charlata-*
» *nisme* le plus effronté. »

» Ecoutez encore *Mesmer* : « On avait répandu dans le
» public des écrits où ma réputation était déchirée et ma dé-
» couverte tournée en ridicule. — Je n'étais pas mieux trai-
» té dans les correspondances particulières. » (Page 29.)

(*Me Ledru :* Avis à Messieurs de la police !) « J'étais un objet
» de risée pour la tourbe académique ; mon nom était repoussé
» avec mépris. — Heureusement je n'étais pas dans le be-
» soin. — » (*Me Ledru :* Sans cela on eût fait aussi un état
descriptif de sa cuisine.) « La fortune, secondant mon cœur
» altier, ne faisait pas dépendre le sort de l'humanité de ma
» faim ou de ma soif. » (Page 67.)

   » *M. Lafeuillade* dit : « Cette tactique, quelque ridicule
» qu'elle soit, était de nature à faire impression sur l'*esprit*
» *d'un homme malade,* et le déterminer à recourir au magné-
» tisme.... Ces deux associés se mirent à l'œuvre et se livrè-
» rent à différentes scènes de magnétisme qui exaltèrent au
» plus haut degré le cerveau de M. Pihoué, et les rendirent
» bientôt maîtres de sa raison et de sa volonté. »

   » Voici *Mesmer :*

   » Suivant lui, mes malades sont des gens crédules, des
» imaginations exaltées, des vaporeux, des esprits faibles,
» timides, dignes de pitié. — Quant à moi, je suis peu déli-
» cat, j'ai de l'assurance, de l'adresse, de l'artifice..., *j'ai*
» *monté un théâtre* (*Me Ledru :* Ceci est à l'adresse de M. le
» procureur du roi.), *j'y fais mes exercices...,* je m'exerce
» merveilleusement en ce genre d'escrime ; mon vol est au-
» dacieux ; je suis un Prométhée ; je suis enfin l'opérateur
» *Mesmer.* »

   » *M. Lafeuillade* fait condamner Ricard comme escroc. —
Mesmer était condamné par l'académie dans la personne
de son ami le docteur Deslon, régent de la faculté, sur les
réquisitions du doyen remplissant les fonctions du ministère
public.

   » Voici quelques mots du *réquisitoire* de M. le doyen :

   « J'atteste, Messieurs, que ce n'est pas sans une extrême
» répugnance que vous me voyez aujourd'hui vous faire une
» espèce de *dénonciation.* Il est toujours *désagréable* d'a-
» voir une mauvaise opinion d'un de ses confrères, et de la
» donner à ceux qui ne l'avaient pas encore. — *Mais l'a-*

» *mour du bien public* (c'est toujours le même prétexte, et il
» est bien beau !), l'honneur de ma compagnie, l'espérance de
» faire rentrer ce confrère dans *le sentier dont il s'était écarté*,
» m'ont enhardi...

Me Ledru : Tout à l'heure vous entendrez un commissaire
de police qui dira que M. Ricard *faisait fausse route*. (On
rit.)

» Je viens donc vous présenter M. Deslon, régent de cette
» faculté, comme se comportant d'une manière peu conforme
» à la dignité de son état , comme favorisant le *charlatanis-*
» *me* (*M. Lafeuillade* dit : *charlatanisme* le plus effronté.);
» enfin comme abjurant la doctrine des écoles, comme
» annonçant des principes contraires à la saine médecine, et
» nous donnant pour appuyer et confirmer ces faux princi-
» pes des cures *impossibles* et invraisemblables.

» En conséquence M. Deslon fut condamné par la faculté,
» non à la prison ni à l'amende, mais comme suit; le décret
» porte :

» 1° Injonction d'être plus circonspect à l'avenir ; 2° sus-
» pension pendant un an de voix délibérative dans les as-
» semblées de la faculté; 3° radiation, à l'expiration de
» l'année, du tableau des médecins de la faculté, s'il n'avait
» pas à cette époque désavoué ses observations sur le magné-
» tisme animal. »

M. Lafeuillade, dans son zèle pour les mœurs , incrimine
celles de Ricard.

Mesmer n'a point échappé non plus aux moralistes de son
temps; il ne dit pas s'ils avaient aussi des palpitations.
(On rit.)

« Les dames de mon traitement trouvent très mauvais que
» M. de Horne se soit permis de dire que j'emploie des
» moyens de *séduction* qui ne sont pas du ressort de la mé-
» decine. »

M. Lafeuillade est entré dans la chambre à *coucher* de
Mademoiselle Virginie; il a été scandalisé à la vue de deux

lits. — Un certain M. Paulet avait éprouvé avant lui cette crise.... de vertu.

Lisez *Mesmer :* « M. Paulet, faisant allusion à l'endroit du » livre de M. Deslon où il est dit que je passais la nuit sur un » lit de camp auprès de mes malades en danger, ajoute dé- » cemment, en parenthèse, que je couche avec mes malades. » Je demande pardon à mes lecteurs de l'insolence du ter- » me. » (Page 149.)

» Pousserai-je plus loin le rapprochement ? Non, c'est as- sez ; M. Lafeuillade doit être satisfait de la démonstration. Je ne citerai plus qu'une ligne pour lui apprendre comment Mesmer s'était permis de caractériser, avant M. Legressier, le mauvais vouloir de ceux qui, *ayant des yeux*, ne *voyaient* pas, qui, ayant des *oreilles*, n'entendaient pas..., et qui, au lieu de *dire tout haut* les faits dont ils étaient témoins, préféraient *calomnier* tout bas.

« Dans une affaire majeure telle que celle-ci, disait-il , *si-* » *lence* est crime ; sourde détraction est infamie. » (Page 108.) (Sensation.)

» Le mot de notre procès s'y trouve en toutes lettres. On dirait que Mesmer a écrit pour la cause !

» Ce n'est pas assez , Messieurs, de vous avoir montré que Ricard n'est pas mieux traité que ne fut Mesmer ; n'y aurait- il pas quelque fondement aux attaques contre la science qui a excité et qui excite encore des inimitiés si vives ? Exami- nons.

» Qu'est-ce donc que le magnétisme ? (Mouvement d'at- tention.) Ceux qui y croient seraient-ils des insensés ou des rêveurs ? Cela pourrait bien être ; avouons toutefois que dans cette foule d'insensés on remarque assez bonne compagnie.

» Parmi les partisans du magnétisme, je vois les Puysé- gur, les Lafayette ; — des magistrats comme les Deprat, con- seiller au parlement de Bordeaux, les Duval-d'Esprémenil, conseiller au parlement de Paris ; — des prêtres, comme le vertueux Gérard , supérieur général de la Charité... ; — en-

fin des noms comme ceux des Cuvier (1) , des Laplace (2)...:
il me semble que ceux-là valaient bien que M. Lafeuillade
daignât les peser dans sa balance!!

» Or, permettez-moi, Messieurs, de citer quelques uns des
faits constatés dans le *précis historique*. Vous y verrez du
reste, à côté d'expériences irrécusables, un aveuglement tout
aussi opiniâtre que celui de M. le procureur du roi de Bressuire, à qui Mademoiselle Virginie avait pourtant fait des
réponses si péremptoires au sujet de ses palpitations de cœur.
(On rit.)

« MM. *Bertrand, Malloët* et *Sellier de la Rominais*, furent
» les médecins amis de la vérité dont M. Deslon fit choix. »

---

(1) « Dans les expériences qui ont pour objet l'action que les systèmes ner-
» veux de deux individus différents peuvent exercer l'un sur l'autre, il faut
» avouer qu'il est très difficile de distinguer l'effet de l'imagination de la
» personne mise en expérience d'avec l'effet physique produit par la personne
» qui agit sur elle....

» Cependant les effets obtenus sur des personnes déjà sans connaissance
» avant que l'opération commençât, ceux qui ont lieu sur d'autres per-
» sonnes après que l'opération même leur a fait perdre connaissance, et
» ceux que présentent les animaux, ne permettent guère de douter que la
» proximité de deux corps animés, dans certaine position et certains mou-
» vements, *n'ait un effet réel, indépendant de toute participation*
» *de l'imagination d'un des deux.* Il paraît assez clairement aussi que
» ces effets sont dus à une communication quelconque qui s'établit entre leur
» système nerveux. »

(CUVIER. — *Leçons d'anatomie comparée.*)

(2) « Les phénomènes singuliers qui résultent de l'extrême sensibilité des
» nerfs dans quelques individus ont donné naissance à diverses opinions
» sur l'existence d'un nouvel agent que l'on a nommé *magnétisme ani-*
» *mal.* Il est naturel de penser que la cause de cette action est très faible,
» et peut être facilement troublée par un grand nombre de circonstances
» accidentelles : aussi, de ce que dans plusieurs cas elle ne s'est point ma-
» nifestée, on ne doit pas conclure qu'elle n'existe jamais.

» Nous sommes si éloignés de connaître tous les agents de la nature, et
» leurs divers modes d'action, qu'il serait peu philosophique de nier
» l'existence de phénomènes uniquement parce qu'ils sont inexplicables
» dans l'état actuel de nos connaissances. »

(*Théorie analytique du calcul des probabilités.*)

» On leur présenta un paralytique qui avait perdu toute sensibilité et toute chaleur dans les parties inférieures du corps. En huit jours de traitement, la chaleur et la sensibilité revinrent, et n'ont pas été perdues depuis. — Chaleur et sensibilité ne sont pas guérison, et peuvent être dues à la nature seule, disait M. Malloët, répétaient ses deux échos.

» Un second paralytique de tout le côté droit, arrivé chez moi le 20 janvier sur une civière, cessa de s'en servir le 20 mars suivant, ayant suffisamment recouvré l'usage de ses membres pour agir sans secours. — Cet exemple, qui fit dans le temps assez d'impression dans le public, n'en fit aucune sur MM. Bertrand, Malloët et Sollier. Cependant les progrès de la main leur paraissaient, dans les règles de l'art, plus étonnants que ceux du pied; mais voilà tout.

» Une jeune demoiselle était à peu près aveugle à la suite de glandes au sein. Six semaines après son entrée chez moi, elle y voyait parfaitement. — On convenait qu'elle y voyait, mais il n'était pas aussi évident qu'elle n'y avait pas vu. Personne ne s'était trouvé dans ses yeux pour assurer que cela n'était pas un jeu. Cette impertinence m'a été dite à moi parlant.

» Un militaire obstrué au point de ne plus penser qu'à la mort, suivant son expression, ne pensa plus un mois après qu'à la vie. — A la vérité, l'on avait vu un changement réel, et les évacuations paraissaient étonnantes; mais il ne fallait pour opérer de tels effets qu'une révolution dont la nature est capable à elle seule.

» Une jeune fille desséchée par les écrouelles avait déjà perdu un œil; l'autre était attaqué d'une hernie, et couvert d'ulcères. Six semaines après, cette personne avait repris chair, elle y voyait parfaitement de son œil éclairci, et les tumeurs scrofuleuses étaient considérablement diminuées. — Où gît la preuve que la nature ait été aidée en tout ceci par le magnétisme animal ? Elle a tant de ressources à l'âge de cette jeune personne. »

»Après avoir cité ces exemples, je ne suis pas fâché, Messieurs les jurés, de faire une observation consolante pour
l'espèce humaine : c'est qu'à la différence de la médecine
moderne, qui, en jugulant le mal, *jugule* trop souvent le
malade, la magnétisation est éminemment hostile au système
débilitant. MM. Broussais, Bouillaud et toute cette école,
ont pensé qu'ils avaient rendu un immense service à la
science parce que, au lieu de nous laisser enlever par la
fièvre, ils avaient trouvé moyen de nous laisser éteindre
faute d'aliments. M. Mesmer procède d'une toute autre façon. Ecoutez-le :

« Une dame passa huit jours chez moi sans boire ni man-
» ger, sourde, aveugle, muette, sans connaissance et en
» état convulsif. Le premier acte qu'elle fit par mon ordon-
» nance fut de manger une soupe au riz. (On rit.)

(*Précis historique*, p. 139.)

» Une demoiselle passa treize jours dans le même état que
» la dame dont je viens de parler. Dans les neuf derniers
» jours, elle n'avait rien avalé. Au moment où elle revint de
» ce terrible état, il n'y avait rien de prêt. J'envoyai cher-
» cher deux œufs frais, et les lui fis manger, avec les mouil-
» lettes, avec les mouillettes, Messieurs de la Faculté !
(On rit.)

» Je pourrais offrir à la critique de M. de Vaugesmes plu-
» sieurs exemples de ce genre; mais qu'il lui suffise de sa-
» voir qu'en général mes malades, quel qu'ait été leur état
» une heure ou deux auparavant, me quittent le matin pour
» aller dîner, et le soir pour aller souper. »

Mᵉ Ledru : Les disciples de Broussais auraient fait em-
poisonner cet homme-là ! — M. Lafeuillade est trop modéré !

« Cette médecine *nutritive* paraît une fable aux yeux des
» médecins accoutumés à faire mourir leurs malades de faim
» quand ils ne peuvent pas en venir à bout autrement.....
» Cependant ils devraient bien réfléchir que la nutrition est
» un besoin urgent de la nature, tandis que la diète forcée

» n'est qu'un système hors nature. Préjugés à part, le sens
» commun est pour moi. »

»M. le procureur du roi dira-t il que l'Académie a proscrit
en 1784 le système de Mesmer? Je lui répondrais que le savant de Jussieu fit entendre dès lors une protestation dont
l'autorité annula, dans le monde des penseurs désintéressés,
celle de l'Académie tout entière.

» Et d'ailleurs l'Académie de 1837 n'a-t-elle pas justifié
l'homme consciencieux qui seul, avec quelques collègues,
osait lever l'étendard de la vérité contre la prévention, l'erreur et la calomnie?

» Ecoutez, Messieurs, quelques unes (1) des conclusions
de ce rapport, rédigé si consciencieusement après des expériences de sept années tant à l'Hôtel-Dieu qu'à la Charité, à
la Salpêtrière, au Val-de-Grâce, et dans les salles de l'Académie de médecine.

« Le somnambulisme donne lieu au développement de fa-
» cultés *nouvelles* qui ont été désignées sous le nom de *clair-*
» *voyance,* d'*intuition,* de prévision *intérieure.* Il produit de
» grands changements dans l'état physiologique, comme
» l'insensibilité, un accroissement subit et considérable de
» forces.

» On peut non seulement agir sur le magnétisé, mais en-
» core le mettre complétement en somnambulisme et l'en
» faire sortir à son insu, *hors de la vue,* à une certaine di-
» stance, et au *travers des portes.*

---

(1) Voir ce rapport complet publié dans l'excellent ouvrage de M. l'abbé
Loubers, sous ce titre : « Le magnétisme et le somnambulisme devant
» les corps savants, la cour de Rome et les théologiens. » Lorsque M.
Husson en eut fait la lecture à l'académie, un membre en avait demandé l'impression. M. *Castel* s'y opposa, par le motif « que, si la plupart des
» faits qu'on avait annoncés étaient réels, *ils détruiraient la moitié des*
» *connaissances physiologiques.* » M. *Roux* proposa un terme moyen,
c'était de faire autographier le rapport. Cet avis fut adopté.

» Quelquefois l'odorat est comme anéanti. On peut leur
» faire respirer l'acide muriatique ou l'ammoniaque sans
» qu'ils en soient incommodés, sans même qu'ils s'en dou-
» tent… On peut leur piquer la peau sous l'ongle avec des
» épingles, enfoncées à l'improviste à une grande profondeur,
» sans qu'ils aient témoigné la moindre douleur, sans qu'ils
» s'en soient aperçus. On en a vu un qui a été insensible à l'une
» des opérations les plus douloureuses de la chirurgie, et
» dont ni la figure, ni le pouls, ni la respiration, n'ont pas
» dénoté la plus légère émotion…

» L'action à distance ne paraît pouvoir s'exercer avec suc-
» cès que sur des individus qui ont été déjà soumis au ma-
» gnétisme.

» Nous avons vu deux somnambules distinguer, les yeux
» fermés, les objets que l'on a placés devant eux; ils ont dé-
» signé, sans les toucher, la couleur et la valeur des cartes;
» ils ont lu des mots tracés à la main, ou quelques lignes de
» livres que l'on a ouverts au hasard. Ce phénomène a eu
» lieu alors même qu'avec les doigts on fermait exactement
» l'ouverture des paupières.

» Nous avons rencontré chez deux somnambules la faculté
» de *prévoir* des actes de l'organisme plus ou moins éloignés,
» plus ou moins compliqués. L'un d'eux a annoncé plusieurs
» jours, plusieurs mois à l'avance, *le jour, l'heure et la* MI-
» NUTE de l'invasion et du retour de l'accès épileptique; l'au-
» tre a indiqué l'époque de sa guérison.

» La commission n'a pas vu vérifier, parce qu'elle n'en a
» pas eu l'occasion, d'autres facultés que les magnétiseurs
» avaient annoncé exister chez les somnambules; mais elle
» communique des faits assez importants dans son rapport
» pour qu'elle pense que l'Académie devrait encourager les
» recherches sur le magnétisme, comme une branche très
» curieuse de psychologie et d'histoire naturelle.

» Nous ne réclamons donc pas de vous une croyance aveu-
» gle à tout ce que nous avons rapporté; nous comprenons

» qu'une grande partie de ces faits sont si extraordinaires,
» que vous ne pouvez pas nous l'accorder; peut-être nous-
» mêmes oserions-nous vous refuser la nôtre si, changeant
» de rôle, vous veniez les annoncer à cette tribune à nous,
» qui, comme vous aujourd'hui, n'aurions rien vu, rien ob-
» servé, rien étudié, rien suivi.

» Nous demandons seulement que vous nous jugiez comme
» nous vous jugerions, c'est-à-dire que vous demeuriez bien
» convaincus que ni l'amour du merveilleux, ni le désir de
» la célébrité, ni un instérêt quelconque, ne nous ont guidés
» dans nos travaux ; nous étions animés par des motifs plus
» élevés, plus dignes de nous : par l'amour de la science, et
» par le besoin de justifier les espérances que l'Académie
» avait conçues de notre zèle et de notre dévoûment.

» *Signé* BOURDOIS DE LAMOTHE, *président;*

» Fouquier, Gueneau de Mussy, Guersant, Husson, Itard,

» Leroux, Marc, Thillaye. »

» On ne dira pas, je l'espère, que ces noms-là sont des
noms de jongleurs ! (On rit.)

» Cependant, Messieurs, d'après l'opinion de M. Lafouil
lade et de son tribunal, « pour ajouter foi au magnétisme,
» qui est repoussé par les premières notions du bon sens...,
» il faudrait *faire abnégation de sa raison.* »

» Ce considérant n'est pas flatteur pour les savants illustres
qui, à la différence des académiciens de 1784, *proscrivant
le magnétisme sans examen*, ont signé, après sept années
d'expérience assidues, le fameux rapport de 1831. Quoi qu'il
en soit, j'oserai faire observer au tribunal et à M. le procureur du roi qu'ils parlent bien à leur aise de *raison* et de
bon sens... Hélas ! leur raison doit ressembler beaucoup à celle
des autres mortels; et le poëte l'a dit :

Elle n'a, comme l'œil, qu'un étroit horizon.   (Rire général.)

Leur raison peut dire *oui*, quand une autre, tout aussi respectable, dit *non.....* Laquelle dit *vrai?* La leur peut-

être.....? Ces Messieurs le croient, par modestie sans doute ; mais du moins devraient-ils accorder à ceux qui marchent encore dans les ténèbres une autre réponse que l'insulte et la prison. (Sensation.)

» La tolérance pour les erreurs d'autrui est d'autant plus juste... que tous, individus et corporations, en avons un même besoin.

.... Petimusque damusque vicissim.

» Qui ne s'est pas trompé?

» Sans parler de la leçon infligée par l'Académie de 1831 aux savants de 1784, combien la justice en a-t-elle reçues du même genre! Consultez ses archives!

» Vous connaissez tous l'émétique, du moins de réputation. (On rit.) Or le parlement de Paris, sollicité par la Faculté de médecine, en a défendu l'usage... (je le lui pardonne..., car c'est bien mauvais). Qu'arriva-t-il ? Louis XIV tombe malade : il doit sa guérison à l'émétique... Voilà le parlement convaincu d'ignorance au premier chef, d'ignorance qui aurait pu être régicide! Aussi il se ravise ; bientôt a lieu la révocation de son arrêt, ainsi que du décret de la Faculté, et l'émétique est réhabilité dans la gloire dont il jouit encore chez tous les apothicaires. (Hilarité.)

» Qui ne sait l'histoire de l'inoculation ? Un arrêt du parlement a proscrit la vaccine en 1763...; et, dans cette année de grâce 1845, il n'y a pas en France un procureur du roi qui n'ait à côté de son diplôme son certificat de vaccine dûment homologué. (On rit.)

» Et si nous exhumons d'autres archives, est-ce que la circulation du sang n'a pas été déclarée impossible ; et *Harvey*, l'illustre auteur de cette découverte, considéré par l'élite des docteurs comme fou, jongleur et charlatan ?

» Que dirais-je des aérolithes ? L'Annuaire du bureau des longitudes en cite 180 exemples constatés au commencement de ce siècle.. . Eh! bien, la supposition de leur existence a

fait long-temps la joie et la risée des grands hommes de l'Institut.

» On n'en finirait pas si on voulait constater toutes les erreurs accréditées au nom du *bon sens;* et, pour répondre à
ce que disait M. le substitut Leboiteux, qui, seul, a nié de
par sa raison les faits dont toute la ville de Bressuire a déposé, je citerai pour son instruction un dernier exemple. Igno-
re-t-il qu'on a cru long-temps, d'après la même autorité,
que la *lune* avait été créée tout exprès pour éclairer la terre
en l'absence du soleil...., dont elle eût été, là haut, comme
le céleste *substitut?* (Hilarité générale.)

» Les savants ont payé leur tribut à la faiblesse humaine
au moins autant que l'ignorance elle-même. — On dirait
qu'ils sont, comme la douane officielle chargée de protéger le
passé et de prohiber l'avenir. Et il faut être juste envers eux :
cette tendance a son explication et son excuse.

» Ecoutez, à ce sujet, ce que disait, en parlant de *l'Académie* de son temps, un membre du barreau, qui est aussi un
des premiers apôtres du magnétisme : le célèbre Bergasse.

« L'esprit a ses habitudes comme le cœur, et l'esprit ne
» renonce pas plus à ses habitudes que le cœur. Les habi-
» tudes de l'esprit sont des opinions... Or les savants travail-
» lent plus en général leurs opinions que les autres hommes,
» et mettent ensemble pour les composer une plus grande
» masse de réflexions et d'idées. — Leur esprit a donc des
» habitudes plus profondes à détruire. — L'homme de génie
» qui veut se faire comprendre par de tels hommes a donc
» plus d'obstacles à surmonter que lorsqu'il s'adresse aux
» hommes ordinaires. » (Sensation.)

» Si donc le *bon sens* et *la raison* des hommes les plus éminents ont été tant de fois confondus, ne nous arrêtons pas,
pour condamner le magnétisme, à cet argument banal : « Je
» ne puis croire..., c'est impossible », et recherchons les faits.

» Or, Messieurs, il y a, de l'avis unanime des amis et des
ennemis du magnétisme, un fait incontesté et incontestable :

c'est que le *somnambulisme naturel* existe. Je parle de cet état qui se manifeste chez certains individus pendant leur sommeil; état extraordinaire, anormal, que je résume en disant que celui qui s'y trouve jouit, quoique endormi, de facultés bien supérieures à celles qu'on remarque en lui à l'état de veille, et de facultés d'une autre nature. Comment un homme qui *dort* acquiert-il ce surcroît, ce supplément de vie? Comment le somnambule qui, éveillé, n'oserait du haut d'un balcon contempler l'élévation où il se trouve de la terre...., va-t-il la nuit, les yeux fermés, se promener sur le faîte d'une maison? et pourquoi s'il s'éveille, c'est-à-dire si, au lieu de la lumière dont Dieu éclaire son rêve..., celle de la raison lui revient, le voyez-vous chanceler, tomber, et se briser le crâne sur le pavé de nos rues?

» Pourquoi? La raison dit : « C'est impossible, » et l'expérience répond : « Pourtant cela est vrai. »

» Et quelle variété dans les phénomènes du somnambulisme naturel! Lisez tout ce que les livres des savants disent à ce sujet. J'en citerai un seul exemple : Tout le monde sait par cœur la fable *des deux Pigeons,* ce chef-d'œuvre de grâce, de sensibilité et d'harmonie:

Deux pigeons s'aimaient d'amour tendre...

Eh bien! nous la devons au somnambulisme. (Attention marquée.)

» Un jour le *bonhomme,* rencontrant deux de ses amis, les avait invités à souper. Il rentre..., et, distrait comme d'habitude, mari trop peu galant..., toujours selon son habitude..., (On rit.) il oublie même de dire bonsoir à Madame La Fontaine, et se met au lit.—Les convives sont exacts.,. Madame La Fontaine, qui les avait reçus, ne parlait point du souper... L'appétit se faisait sentir... Bref, le quiproquo s'explique; on soupe, et l'étourderie du bonhomme égayait beaucoup les convives...., lorsqu'on voit paraître l'auteur de *maître Corbeau,* vêtu d'une tunique blanche ... (On rit.) , enfin dans le plus léger de tous les costumes. Il traverse la salle à manger, les yeux ouverts, mais fixes, et ne voyant personne.—Il entre dans son cabinet et s'y enferme. Au bout d'une demi-heure, il en sort... se frottant les mains et regagne sa chambre. Étonnés de cette apparition.... ses amis sont curieux d'apprendre quelle impulsion avait pu le conduire en rêve dans son cabinet.

» Une encre fraîche leur révèle que l'immortel dormeur venait d'enfanter la plus belle peut-être de ses fables. — J'avoue que pour un homme marié ce n'est pas la plus morale, et qu'un procureur du roi vigilant aurait bien pu lui en demander compte. (Hilarité.)

« J'ai quelquefois aimé... ; je n'aurais pas alors
» Contre le Louvre et ses trésors,
» Contre le firmament et sa voûte céleste,
» Changé les bois, changé les lieux
» Honorés par les pas, éclairés par les yeux
» De l'aimable et jeune bergère... »

Quelle analogie existe entre le magnétisme naturel et le magnétisme artificiel ? Quels sont leurs caractères distincts ? Ce n'est point là mon sujet : ce que j'ai voulu dire seulement, c'est que je mets le bon sens de M. Lafeuillade et de tout son parquet au défi d'expliquer les merveilles du somnambulisme ordinaire : or, si cela est vrai... pourquoi ces Messieurs auraient-ils la prétention de nier des faits constants... par le seul motif que ces faits sont hors de la portée de leur intelligence !

» Aux faits qui s'observent dans l'état de *somnambulisme* ordinaire j'ajouterai des faits d'un autre ordre : je veux parler de ceux qui se manifestent dans la catalepsie. (Mouvement d'attention.)

» En 1787 (1), lorsque tous les esprits étaient attentifs aux merveilles du somnambulisme, un médecin distingué de

---

(1) *Le magnétisme et le somnambulisme devant les corps savants, la cour de Rome et les théologiens*, ch. XI, p. 216

Lyon, Pétetin, qui n'était pas au nombre des partisans du magnétisme animal (cela est important pour la valeur morale de son témoignage), eut occasion d'observer sur un malade *cataleptique* tous les phénomènes que les magnétiseurs obtenaient.

» Ecoutez ceci, Messieurs, vous verrez qu'il y a de quoi donner à réfléchir à M. Lafeuillade !

» On avait essayé, pour retirer la cataleptique de cet état, les stimulants les plus énergiques : tout avait été inutile...; enfin une apparence de vie se manifesta sur son visage..., bientôt elle se mit à chanter, d'abord d'une voix faible, et ensuite plus fort, une ariette d'une exécution difficile, avec un goût parfait.

» Ses parents firent de vains efforts pour s'en faire entendre : elle était insensible au bruit, et même aux piqûres..... Tout étant inutile, et la malade paraissant souffrir beaucoup, Pétetin prit le parti de la renverser sur son oreiller ; mais, en faisant ce mouvement, le bras du fauteuil sur lequel il était assis se déroba sous lui, et il tomba à moitié penché sur le lit en s'écriant : Il est bien malheureux que je ne puisse empêcher cette femme de chanter.

— » Eh ! M. le docteur, ne vous fâchez pas, je ne chanterai plus, répondit-elle. Cependant, au bout de quelques instants, elle reprit son ariette au point où elle l'avait laissée, sans que les cris poussés à son oreille pussent l'interrompre. Il paraissait certain que la malade avait entendu ; mais, comme elle n'entendait plus, Pétetin s'avisa de se replacer dans la position où il s'était trouvé précédemment ; il souleva les couvertures, s'approcha de son estomac, en s'écriant d'une voix assez forte : — Madame, chanterez-vous toujours ?

— » Ah ! quel mal vous m'avez fait ! dit-elle ; je vous en conjure, parlez plus bas. En même temps elle porta, mais lentement, ses mains sur son estomac. Il baissa la voix, et lui demanda comment elle avait entendu. — Comme tout le monde. — Cependant, je vous parle sur l'estomac. — Est-il possible !—Elle le pria de lui faire des questions aux oreilles ; mais elle ne lui répondit pas, alors même qu'il se servait d'un entonnoir pour donner plus d'éclat à sa voix. Il revint à l'estomac, et lui demanda à voix très basse si elle avait entendu. — Non, dit-elle ; je suis bien malheureuse ! (Sensation.)

» Dans l'accès de catalepsie du lendemain, Pétetin lui demanda pourquoi, lorsqu'elle interrompait son chant, sa physionomie exprimait la surprise. — Il m'est facile de vous en apprendre la cause. Je chante, docteur, pour me distraire d'un spectacle qui m'épouvante. Je vois mon intérieur, les formes bizarres des organes enveloppés d'un réseau lumineux ; ma figure doit exprimer ce que j'éprouve, l'étonnement et la crainte. Un médecin qui aurait un quart d'heure ma maladie serait heureux sans doute, puisque la nature lui dévoilerait tous ses mystères, et, s'il aimait son état, il ne désirerait pas, comme moi, une prompte guérison.

— » Voyez-vous votre cœur ? — Le voilà ; il bat en deux temps et des deux côtés à la fois. Quand la partie supérieure se resserre, l'inférieure s'enfle et se resserre bientôt après ; le sang en sort tout lumineux, et passe par deux gros vaisseaux qui sont peu éloignés l'un de l'autre.(Mouvement d'attention.)

. . . .

» Dans ses accès, la malade cataleptique se roulait sur le parquet avec une incroyable vitesse, évitant néanmoins tout ce qui pouvait la blesser. Personne n'entrait dans sa chambre qu'elle n'en fût aussitôt avertie, moins par le sens de la vue que par celui d'un tact particulier : car, dans la plus grande obscurité, elle signalait aussitôt ceux qui s'introduisaient avec précaution et en saisissant le moment où elle faisait le plus de bruit. Pétetin, qui ne la perdait pas de vue, ne jugea pas à propos de laisser à la nature le soin de ramener le calme ; il la fit plonger dans un bain d'eau froide, dans lequel on jeta 15 ou 20 livres de glace. Son agitation cessa, et, lorsqu'elle fut habillée et transportée au salon, elle demanda si on ne lui permettrait pas une boule d'étain remplie d'eau chaude sous les pieds, qu'elle éprouvait..... Les mouvéments convulsifs des bras, précurseurs de l'accès de catalepsie, se manifestèrent aussitôt; elle ne put achever sa phrase, et devint immobile comme une statue; sa physionomie exprimait toujours l'étonnement. Pételin lui demanda sur l'estomac comment elle se trouvait. — Assez bien. — Et la tête? — Toujours embarrassée. — Voyez-vous encore votre intérieur? — Si parfaitement, que je vous avertis qu'il ne faudra pas me baigner ni demain ni de quelques jours. — Je vous entends; mais qu'est-ce qui vous assure que l'obstacle arrivera demain? — Mes yeux, et une prévoyance qui ne saurait me tromper. (Mouvement général.)

» La malade étant au lit, Pételin souleva avec précaution les couvertures, et lui posa une carte sur l'épigastre. Aussitôt sa physionomie changea; elle exprimait tout à la fois l'attention, l'étonnement et la douleur. « Quelle maladie ai-je donc ? Je vois la dame de pique » Pételin , retirant aussitôt cette carte, la livra à la curiosité des spectateurs. Une seconde fut placée avec les mêmes précautions. « C'est, dit-elle , le dix de cœur. » Enfin une troisième : « Salut au roi de trèfle ! » Il demanda à la malade où elle avait vu ces cartes. « Dans l'estomac. » — Avez-vous distingué les couleurs ? — « Certainement; elles étaient lumineuses, et m'ont paru plus grandes qu'elles ne le sont ordinairement. Mais je vous prie de me donner un peu de relâche : cette manière de voir me fatigue beaucoup. » Le mari de cette dame n'y tint pas; il tira sa montre, et la lui posa sur l'estomac; après quelques secondes d'attention, elle dit : « C'est la montre de mon mari; il est dix heures sept minutes.» Cela était exact. (Sen-sation.)

»Le lendemain , l'accès de catalepsie se manifesta, comme de coutume, à huit heures du matin. Pételin arriva plus tard qu'à l'ordinaire. « Vous êtes paresseux ce matin, M. le docteur, lui dit-elle. — Cela est vrai, Madame ; si vous en saviez la cause, vous ne me feriez pas ce reproche. — Eh ! je la vois. Vous avez la migraine depuis quatre heures ; elle ne cessera qu'à six heures du soir. Vous avez raison de ne rien faire pour cette maladie : toutes les puissances humaines ne peuvent l'empêcher d'avoir son cours. — Pourriez-vous me dire de quel côté est la douleur ? — Sur l'œil droit, la tempe et les dents. Je vous préviens qu'elle passera à l'œil gauche, que vous souffrirez beaucoup entre trois et quatre heures, et qu'à six vous aurez la tête parfaitement libre. (Le pronostic s'accomplit à la lettre.) — Si vous voulez que je vous croie, il faut me dire ce que je tiens dans la main. — Je vois dans votre main une médaille antique. » Elle vit avec la même facilité une lettre à son adresse que sa belle-sœur avait renfermée dans une boîte. Pételin demanda à la malade à quelle heure finirait son accès de catalepsie. — « A onze heures. — Et l'accès du soir, à quelle heure viendra-t-il ? — A sept heures. — Dans ce cas, il retardera beaucoup. — Cela est vrai ; mais c'est une marche qui va s'établir, et, à compter de ce jour, mes accès viendront régulièrement à huit heures du matin et à sept heures du soir ; les accès du matin seront de trois heures, et ceux du soir de deux heures seulement. »

» Pendant cet entretien, la physionomie de la malade exprima tout à coup la contrariété ; elle dit à Pételin : « Mon
» oncle vient d'entrer ; il cause avec mon mari derrière le
» paravent ; je parierais qu'il porte son habit bleu. Dans l'é-
» tat où je suis, il me fatigue ; je vous prie de trouver un
» prétexte pour l'éloigner. »

» Celui-ci, en se retirant, vit en effet l'oncle avec son habit bleu à la place désignée : il l'invita à entrer avec lui dans la chambre voisine ; mais, fortement occupé de ce qui venait de se passer, il prit, au lieu de son manteau, celui du mari de la malade ; elle s'en aperçut à l'instant, et lui envoya sa belle-sœur pour l'avertir de sa méprise.

» Le soir, il y avait chez la cataleptique une nombreuse compagnie, composée seulement de parents et d'amis intimes. Pétetin, à tout événement, avait mis une lettre sur sa poitrine; il demanda la permission de garder son manteau. A peine tombée en catalepsie, la malade lui dit : « Eh ! depuis » quand, Monsieur le docteur, la mode est - elle venue de » porter ses lettres sur la poitrine ? » Pétetin voulut nier, mais elle insista, et, rapprochant lentement ses mains, elle en détermina exactement la grandeur, et montra avec l'index la place qu'elle devait occuper. Pétetin, retirant cette lettre, l'appliqua fermée sur les doigts de la cataleptique. « Si je n'é- » tais pas discrète, dit-elle, je pourrais en dire le contenu; mais, » pour prouver que je l'ai bien lue, il n'y a que deux lignes » et demie très minutées. » Le billet fut ouvert en présence de tout le monde : il ne contenait que deux lignes et demie d'écriture très fine. (Sensation prolongée.)

» L'ouvrage de Pétetin intitulé : *Electricité animale,* contient un grand nombre d'autres faits de même nature.

» Dites-le-moi, Messieurs, si l'état cataleptique produit des phénomènes si étranges, pourquoi ne se reproduiraient-ils pas dans l'état magnétique ? Ou plutôt pourquoi, faibles et vains que nous sommes, prétendons-nous comprendre quelque chose dans le livre de la nature, où, comme dans le désert, nous ne pouvons avancer que pour voir son immensité s'étendre et fuir à nos regards !

» Je viens de citer des faits de catalepsie. En voici d'un autre ordre, et en réponse aux objections que fait M. Lafeuillade au magnétisme; je lui propose à mon tour le problème suivant :

» Pourrait-il nous apprendre comment il se fait que des pigeons emportés de Bressuire par exemple, et mis en liberté sur la place de la Bourse de Paris..., s'élèvent, prennent leur vol..., et reviennent directement à Bressuire ? — Qui leur a appris la *géographie ?* (Hilarité.) — C'est l'instinct qui les guide. — *L'instinct!* et qu'est-ce que cela veut dire ? Un mot n'est pas une solution : l'instinct est donc supérieur à la raison ! — En effet, au lieu de pigeons, plaçons là-haut, par hypothèse, M. le procureur du roi et son substitut......, malgré votre respect pour des fonctionnaires aussi éminents, oseriez-vous affirmer que ces Messieurs, ayant pour toute boussole leur génie, retrouvassent dans ces régions inconnues la route de leur parquet ? (Rire général.)

» Après tout, Messieurs, s'il y a dans le magnétisme, comme dans toutes les choses de la nature, des secrets impénétrables, on peut expliquer jusqu'à un certain point ses phénomènes ; Mesmer a dit à ce sujet beaucoup de choses en quatre lignes, les voici :

« Le magnétisme animal doit être considéré comme un » *sixième* sens artificiel. — La supposition d'un sixième sens » artificiel ne doit point choquer. Toute personne qui se sert » d'un microscope fait, à la rigueur de l'expression, usage de » ce sixième sens artificiel. »

» Or, Messieurs, si un *sens nouveau* peut être communiqué à l'homme par l'homme, est-il si étrange que ce sens nouveau nous offre des perceptions nouvelles ?

» J'explique cette idée. On peut, par supposition, admettre que l'homme existe privé de l'organe de la vue, et réduit au sens du *tact*. Dans cet état, il ne sera en communication avec les objets extérieurs que par le toucher. Or supposez encore que, par une opération quelconque (analogue à celle de la cataracte par exemple), on communique à cet être... un sens nouveau, *la vue....* dont il se servira comme nous pour toucher et appréhender les choses qui sont à distance... : n'est-il pas vrai que *ce don...*, au moyen duquel il jouira des perspectives éloignées, au lieu d'être réduit au simple toucher des objets prochains, n'a rien en soi de contraire à la raison et au bon sens ? (Approbation.)

» Eh bien ! le magnétisme, selon Mesmer, nous communique un sens nouveau. Il nous donne une vue..., qui est en quelque sorte à la vue actuelle ce que cette vue elle-même est au tact...; c'est-à-dire une vue plus longue, plus perçante, plus claire, et, si j'ose ainsi dire, plus immatérielle. Ainsi le fluide que le magnétiseur communique à la personne magnétisée lui sert à la lettre comme un microscope invisible, comme une force ayant ses vertus spéciales, selon la nature des rapports qui existent entre le foyer actif d'où elle émane, c'est-à-dire le magnétiseur et l'intelligence passive qui la reçoit et s'en illumine, c'est-à-dire la personne magnétisée.

» Voilà ce qu'enseigne une théorie admirable dans sa simplicité, et quand la théorie de tant de faits incontestables serait à découvrir encore..., que peut-on répondre à l'expérience, à moins qu'on ne dise, comme M. Bouillaud, le fameux partisan des saignées *coup sur coup* :

« *Je verrais ces faits..., je les produirais moi-même..., que je* » *ne les croirais pas.* »

» Heureusement à ce pyrrhonisme intraitable, à ce parti pris d'une incrédulité opiniâtre, on peut opposer de nobles exemples.

» J'aime à citer celui de Georget, dont nous connaissons tous au barreau les travaux célèbres. Ce modeste savant avait le malheur, comme tant d'autres médecins, d'être athée et matérialiste. Il était de ceux qui, n'ayant jamais trouvé sous leur *scalpel*... une *âme* humaine, arrivent à cette triste conclusion : « Donc il n'y a point d'âme, et tout est matière. »

» Le magnétisme peut revendiquer l'honneur de lui avoir enseigné Dieu..., et de lui avoir révélé la plus consolante de toutes les vérités...: l'immortalité de l'âme et la vie future. »

« De nouvelles méditations, dit-il, et surtout les phénomènes » du somnambulisme magnétique, ne me permirent plus de » douter de l'existence en nous et hors de nous d'un principe » intelligent tout à fait différent des existences matérielles, » *l'âme* et *Dieu*. Il y a chez moi, à cet égard, une conviction » profonde, fondée sur des faits que je crois incontestables. »

» Ainsi s'exprime dans son testament un homme qui, après avoir long-temps méconnu ce qui console ici-bas de toutes les misères et de toutes les injustices, ce qui inspire de la force contre toutes les oppressions, et un dévoûment sans bornes à tous ceux qui en souffrent, crut que la plus noble façon d'expier ses erreurs était d'en faire un aveu candide, et de s'en repentir avec loyauté. (Approbation.)

» Je ne pourrais rien dire qui parlât plus haut en faveur du magnétisme que cette conversion d'un honnête homme qui, en terminant une carrière illustrée dans la science, a laissé un exemple plus honorable à sa mémoire que sa science même, et que toute la célébrité qu'il lui doit.

» J'ai fini, Messieurs, et vous excuserez ma longue excursion sur un domaine qui n'est pas celui de la loi.

» Grâce à votre attention, qui m'a suivi avec tant de bienveillance, je me suis laissé entraîner bien loin de la cause à laquelle il faut pourtan que je revienne en finissan .

» Vous connaissez tous les faits : Ricard est-il coupable de les avoir racontés avec vivacité, avec colère..., avec indignation ? Et, si le ressentiment d'une injustice sans exemple l'avait à son tour rendu trop sévère..., voudriez-vous l'en punir ?

» En d'autres termes, Messieurs, la pénalité qui atteint la diffamation... est-elle destinée à étouffer la voix de l'opprimé ? Est-ce violer la loi que dire à ceux qui la foulent aux pieds : « Vous étiez ses ministres pour me protéger..., et vous vous » en êtes servis pour mon déshonneur et ma ruine. »

» S'il en est ainsi, M. Ricard est coupable. — Il expie depuis trois ans le malheur d'être venu dans ce pays rendre la santé à ceux que l'art avait abandonnés... La persécution, l'amende, la prison..., ne sont pas assez. — Ajoutez à tout cela nouvelle prison, amende nouvelle, nouvelles tortures... Dites à cette vieille mère dont il est l'unique appui..., dites à cette pauvre femme septuagénaire, toute fière, dans son infortune, du glorieux martyre que son fils subit pour une belle cause, dites- ui que la source de ses larmes doit se rouvrir........ Faites plus : frappez dans le prévenu un jeune enfant qui attendait de lui seul le pain de l'intelligence que son père n'a plus même la consolation de pouvoir lui acheter ailleurs!..... (Sensation profonde.)

» Mais pardonnez-moi, Messieurs; non, vous ne ferez pas servir votre haute, votre suprême magistrature, au triomphe de l'iniquité!... M. l'avocat général vous disait en finissant qu'il plaçait avec confiance l'honneur d'un magistrat sous votre protection. Je remets en vos mains des intérêts bien autrement sacrés : ceux de la vérité, de la morale, de la justice! (Mouvement.) Et moi aussi j'ai confiance dans le jury: car ce jury c'est la conscience publique, et c'est elle que j'aime avant tout pour juge. Aussi vous avez vu nos efforts pour l'appeler et la faire entendre en cette enceinte, où nous voulions que devant vous elle exprimât sans restriction, sans réserve... ce que vaut à son tribunal l'accusateur, et ce que vaut l'accusé! M. Lafeuillade, vous avez eu raison de trembler devant le concert unanime qui se serait élevé contre vous : car, si, à côté de ce jury de douze honnêtes gens, siégeait encore la ville de Bressuire tout entière, et si dans ces grandes assises, où chacun de vos justiciables serait juge et témoin, chacun aussi pouvait choisir entre le plaignant..... et le prévenu..., je ne crains pas de le dire, ce verdict unanime serait comme celui que le jury va rendre; il dirait que le coupable n'est pas le prévenu..... M. Lafeuillade, il dirait que *c'est*
» *vous!* (Mouvement prolongé dans l'auditoire.)

Lorsque le calme est rétabli, M. l'avocat général se lève pour répliquer.

« Messieurs, dit-il, la défense que vous venez d'entendre,
» son habileté, sa causticité impitoyable, son éloquence de
» nature à produire trop d'effet et à égarer vos esprits, exi-
» gent que nous reprenions la parole.

» Et d'abord, nous le déclarons, si on voulait prendre la
» ville de Bressuire tout entière pour juge, nous récuse-
» rions ce jury nouveau par un moyen tout légal : car nous

» ne connaissons que la loi ; nos juges, c'est vous..., et non
» une population égarée par la passion et l'erreur. Le magis-
» trat ne doit point avoir pour juges ceux qu'il a pu blesser
» dans l'accomplissement rigoureux de ses devoirs : il faut,
» dans ceux qui sont appelés à apprécier sa conduite, impar-
» tialité, lumières, indépendance...; il faut être, Messieurs,
» ce que vous êtes.

» On s'est élevé avec force contre les mesures prises con-
» tre le sieur Ricard et la demoiselle Virginie. Nous regret-
» tons d'être obligé de justifier par des preuves irrécusables
» les actes de M. le procureur du roi. On l'a voulu ; nous
» subissons cette nécessité, à laquelle les accusations de la
» défense nous condamnent.

» Qu'est-ce donc que ce grand prêtre du magnétisme ?
» Pourquoi tant d'éloges de la vertu de Mademoiselle Vir-
» ginie ?

» Les dames interrogées aux débats en ont fait un éloge
» complet ; mais, sans attaquer en rien la sincérité de ces
» témoins, nous ferons remarquer qu'elles n'ont vu Made-
» moiselle Virginie qu'à Bressuire pour la première fois,
» dans une séance où l'on s'est livré à des expériences ma-
» gnétiques. Leur témoignage n'a donc pas une valeur incon-
» testable. Mais le passe-port ne peut pas tromper. Or sur ce
» passe-port Ricard désigne Mademoiselle Virginie pour sa
» *femme.* Cependant Ricard est un homme marié, jeune en-
» core ; et si cet homme a logé dans une même chambre avec
» celle que le passe-port désigne comme son épouse légitime,
» on peut à bon droit suspecter la moralité de tous deux.
» Est-ce en effet qu'il n'y a point de ces choses intimes, de
» ces observances obligées, qui ne permettent pas qu'une
» femme honnête se trouve dans la chambre d'un homme
» qui ne serait pas son mari ?

» Ceci est grave dans une affaire où la moralité est tout, et
» où le doute sur la moralité pouvait faire douter du reste,

» et, en tous cas, donner des soupçons sérieux à l'auto-
» rité.

» Mais que parlons-nous de doute? Puisqu'on nous y con-
» traint, nous lirons les notes de police.

» On rejette les documents des agents subalternes de la
» police; mais on n'a donc pas lu le dossier? Ces documents
» émanent d'un homme que la défense honore comme nous,
» de M. le préfet de police lui-même, de M. Delessert!

» Or on y lit « que Mademoiselle Virginie, partie à quinze
» ans de son village, n'a pas donné de ses nouvelles;

» Qu'elle a été entretenue par un négociant au Havre.

» Elle est de la dernière classe de la société : elle n'a ni
» moyens ni instruction. »

» Quant à Ricard : « C'est un jongleur... qui vit avec cette
» fille *entretenue*.

» Sa cuisine ne s'est améliorée que depuis l'arrivée de M.
» Pihoué. »

» Nous regrettons qu'on nous ait obligé, pour disculper
l'honorable magistrat de Bressuire, de prouver que son réquisitoire n'a été que le récit de la procédure, récit affaibli qui
aurait mérité d'être traité avec plus d'égards par l'honorable
avocat de Ricard.

» Ce n'est pas tout : Ricard se donnait comme médecin.
Eh bien, il ne l'est pas, et ne l'a jamais été. Des renseignements ont été pris à la faculté de Bordeaux, où il avait prétendu avoir étudié; ils prouvent que c'est encore là un fait
accusateur.

» Ainsi point de moralité, aucune garantie de science,
voilà l'homme entre les mains duquel le ministère public
voyait remis le sort d'un citoyen estimable, riche, dont la
position était bien de nature à éveiller la tentation et à exci-
ter la convoitise de l'associé de Mademoiselle Virginie.

» Son défenseur a dit qu'il payait 3,000 fr. de loyer quand
on l'a arrêté, et que cela supposait un revenu de 30,000 fr.

Où prendre ces 30,000 fr.? N'était-il pas bien exposé, par sa dépense même, à se créer des ressources illégitimes?

» Et aussi que voit-on?

» Le magnétisme a eu un défenseur énergique à cette audience, mais qui croira à ces mystères? qui croira à ces lumières révélées au moyen *d'une mèche de cheveux?* Quelle est donc cette puissance inconnue, invisible, dont le sieur Ricard dispose?

»Le préfet de police dit: « C'est un *jongleur*», et vous ne voulez pas que le procureur du roi, auquel est confiée la sécurité des habitants, rapproche le caractère de l'individu de la nature de la profession qu'il exerce, et que de ce rapprochement il puisse conclure que c'est le cas de prendre des mesures sévères! Vous parlez d'injustice, mais je fais appel à votre loyauté: n'est-ce pas vous qui êtes injuste envers un magistrat réduit, pour accomplir son devoir, à des actes qu'il tempère autant qu'il le peut par la bienveillance?

» En effet, le jour même où la liberté provisoire est demandée moyennant le dépôt de la caution, il conclut à la liberté du prévenu..., et au lieu de le remercier de cet empressement, c'est le sujet d'un nouveau blâme que la verve moqueuse de la défense rend si piquant!

» Au reste, Messieurs, la justification du procureur du roi n'est-elle pas écrite dans ce qu'il y a de plus respectable? Est-ce que trois juges en première instance et cinq juges en appel n'ont pas pensé comme le préfet de police et comme le procureur du roi?

» Et cependant, Messieurs, ils auraient pu être bien plus sévères, et ici encore la défense se rapprochera de la révélation de choses que nous avions tues, et que son système nous oblige de dévoiler.

» Voici donc ce qui est écrit dans la procédure: ce sont des éléments qui vous serviront à apprécier le magnétiseur et la somnambule, et vous verrez si M. Lafeuillade avait raison de sévir contre eux.

» Un garçon boucher avait été volé à Chantilly. — Le volé vient consulter Ricard. — Celui-ci lui dit que la somnambule est mal disposée; il remet la consultation à deux jours.

» Que se passe-t-il pendant les deux jours? N'a-t-il pas pris des renseignements à Chantilly même pour rendre des oracles plus sûrs? Cependant le boucher revient... La somnambule raconte les détails du vol; elle indique le coupable, et le crédule personnage dénonce comme coupable un *innocent!* Voilà un acte du magnétisme!

» Pour donner une idée de la crédulité du consultant, il faut savoir qu'il était allé dans l'intervalle consulter aussi Mademoiselle *Lenormand*. (Hilarité.)

» La procédure enseigne une autre genre d'exploitation de Ricard. Il a entretenu d'autres individus, mais moins crédules, dans leur espoir de retrouver un trésor. Il est vrai que ces croyants, loin de se plaindre, se sont déclarés très satisfaits de sa science. C'est la bonne foi de l'ignorance exploitée par de plus habiles.

» On fait valoir des considérations sur le mal que les poursuites avaient causé à Ricard. Nous remarquerons qu'il n'était pas si à l'aise avant les poursuites : le dossier apprend qu'il devait 1,000 francs à M. Chardel, l'honorable conseiller à la Cour de cassation.

» Et d'ailleurs la loi ne dit pas que, quand l'ordre public est mis en péril, on doive s'arrêter aux considérations. La loi dit qu'il faut veiller à la sécurité de tous.

» Ainsi, MM. les jurés, vous aussi vous ferez ce qu'elle demande de vous, en ayant le courage et la force de faire votre devoir. »

M^e Ch. Ledru : « Oui, Messieurs, vous aurez le courage de remplir votre devoir; j'y compte bien, et si je reprends la parole, ne craignez pas que j'abuse de votre patience. Je serai bref.

» Je ne puis exprimer mon étonnement, je l'avoue, d'avoir

entendu M. l'avocat général exposer, dans l'excès de générosité qui l'égare, un système contraire à tout ce que les principes, l'usage, la loi, et les convenances, nous enseignent.

» Quoi! Messieurs, le premier mot de l'accusation a été : « La vie privée est murée », et, à peine cette belle parole du philosophe était-elle dite, qu'il n'a plus été question du *procès*..., mais uniquement de la *vie privée* de Ricard et de Mademoiselle Virginie.

» Nous sommes ici pour *prouver*, aux termes de la loi, que le prévenu a légitimement reproché à un fonctionnaire des faits *répréhensibles*. On nous répond d'abord en nous contestant le droit de produire nos preuves ; et ensuite on essaie de *prouver* contre nous.... quoi ? « que nous ne gardons point » la chasteté parfaite ! » (Hilarité.)

» Où suis-je donc ? Sous quelle loi vivons-nous ?

» Que je dorme seul ou que je dorme en compagnie, que ma couche soit austère ou pleine de voluptés..., que vous importe ? De quel droit votre œil pénètre-t-il chez moi pour y compter les lits d'une chambre à coucher ? — Le domicile, n'est-ce donc plus l'asile où tout citoyen repose sous la protection des dieux domestiques, dont on respecte, dans tous les pays civilisés, la pudeur et le silence ?

» Cependant je ne veux point laisser triompher l'accusation sur le terrain où elle s'est imprudemment jetée. J'avais déjà répondu à cette partie du réquisitoire...; puisqu'on y revient, voyons.

» Tout ce qu'a fait M. Lafeuillade..., c'est par respect *pour les mœurs*. Caton le Censeur n'était donc qu'un homme bien relâché... auprès de M. le procureur du roi de Bressuire ! Juste ciel! quelle verve pour la morale!... la prison pour ceux qui n'auraient plus leur virginité...(On rit.) La prison... dans un pays où la loi, toute matérielle, n'appelle aux solennités, même du mariage, ni Dieu ni ses saints ! Vraiment, ce serait à faire trembler beaucoup de célibataires... , si M. Lafeuillade ne tempérait la théorie par la pratique. Heureusement... nous n'avons pas oublié ses *palpitations de cœur*... ni le remède qui lui a été prescrit..., *la sagesse*...; et c'est sans doute sa charité, éclairée par l'expérienc e, qui le pousse à vouloir mettre le monde entier au régime. (Rire général.)

» Soyons sérieux. J'ai déjà répondu péremptoirement au sujet du passe-port; j'avais aussi répondu à ce qu'on a répété sur la chambre à *deux lits*... — On insiste en interpellant les dames qui ont témoigné en faveur de Mademoiselle Virginie : on leur demande si c'est observer la décence que de partager la chambre d'une jeune fille..., même quand il y a deux lits dans cette chambre.

» Et moi, je demanderai à mon tour où est le grand mal de se résigner sans bruit, sans tapage, à une nécessité avouée au procès. Les plus chastes ne sont pas ceux qui s'ef-farouchent trop... ; et pourquoi donc ne pourrait-on garder, dans le voisinage le plus rapproché, ces observances qui sont le premier devoir d'un homme bien élevé? Mademoiselle Vir-ginie n'était pas pour M. Ricard une étrangère...; elle est sa somnambule habituelle. N'eût-ce pas été de l'affectation pué-rile, de l'hypocrisie par trop risible..., que de faire un ver-tueux éclat, plutôt que de prendre un lit près de son lit. Les gens qui respectent vraiment la pudeur n'ont pas de ces scrupules exagérés..., et il n'y a point pour eux de situation si délicate qui n'ait ses règles et sa bienséance. Ce n'était pas un modèle de vertu parfaite ce bon M. Tartuffe, qui disait :

> Cachez... cachez ce sein que je ne saurais voir.
> Par de pareils objets les âmes sont blessées....
> Et cela fait venir de coupables pensées. (Hilarité.)

Mais, dit-on, M. Lafeuillade était renseigné sur la moralité des prévenus par M. le préfet de police.

» Je ne consentirai jamais, Messieurs, à incarner ce qu'on appelle la police dans un homme que tout le monde estime et respecte....

» Il est vrai que la note du dossier est peu favorable à M. Ricard, et à Mademoiselle Virginie, qu'on appelle, dans le langage de ces Messieurs de la rue de Jérusalem, une *fille en-tretenue.* « Le style……. est l'homme », et je ne voudrais pour preuve que M. Delessert n'est pour rien dans ces notes que leur rédaction même, conçue dans des formules que M. le préfet de police n'emploie pas et ne sait pas.

» Ecoutez le reste : car, loin d'avoir peur de ces révélations impures, qui déshonorent toujours une procédure judiciaire, je veux venger mon client au moyen de leur impureté même.

» Selon le pourvoyeur de renseignements anonymes, Ricard est « *un jongleur* pourvu d'une grande instruction, et » qui exploite son industrie avec une certaine distinction. »

» Mademoiselle Virginie « est sa *complice* indispensable… » « Elle est la *pythonisse* du lieu… , l'âme de *la manœuvre.* » Au même style, reconnaissez-vous les mêmes auteurs ? — Ces ignominies, dignes, par la forme et le fond, de l'antre d'où elles émanent , nous enseignent, Messieurs les jurés, combien il est toujours dangereux de s'écarter des règles salutaires de la loi. — La loi ne connaît en fait de témoignages que ce qui est avoué, contradictoire, public. Elle veut que, pour être valables, ils soient accompagnés de garanties certaines…, et avant tout de la garantie sainte du serment. Eh bien ! voyez ce qui arrive ! On nous jette au visage des notes pareilles… — Qui les a écrites ? on l'ignore ! car ces gens-là ne signent pas : signer c'est donner un nom ; or ils n'en ont point. Tout ce qu'on sait, c'est que ces notes viennent d'un lieu où rien d'honnête n'est jamais entré, et d'où l'honneur n'est jamais sorti. (Sensation.)

» Ainsi, pas de publicité, pas de contradiction, pas de serment…., pas même de nom ! Aucun moyen, dès lors, de confondre l'imposture en ôtant le masque à l'imposteur… Et un honnête homme en faveur de qui protestent et ont protesté des magistrats supérieurs , des savants émérites, toute une ville…, sera flétri par la calomnie anonyme d'un de ces obscurs et insaisissables bandits qui, chassés du monde de lumière où nous vivons, et relégués dans le monde des ténèbres...., ne peuvent être comparés qu'à ce génie du mal que la foi nous montre occupé sans cesse à chercher quelque nouvelle proie pour l'entraîner avec lui dans l'abîme. (Mouvement.)

» Ecoutez, à ce sujet, Messieurs, une éloquente parole de M. Dupin. — Il enseigne aux juges les règles qu'ils doivent suivre, et il dit : « Repousser les *lettres*, *notes* et *documents* » *de police;* et ne pas admettre à l'office sacré de témoins les » espions, les forçats libérés..., et tous les scélérats soi-di- » sant convertis qu'elle emploie, dit-elle, à notre sûreté, » mais dont l'audition est toujours fort peu édifiante pour le » public. » (Sensation profonde.)

» Ce n'est pas un simple procureur du roi qui parle ainsi ; c'est le chef de tous les procureurs généraux de France, le procureur général près la Cour de cassation, l'auteur de ce noble livre qui a pour titre : « *De la libre défense des ac-* » *cusés.* »

» Mais revenons aux bons sujets de la rue de Jérusalem. On leur demande ce qu'est un magnétiseur ? Que voulez-vous qu'ils répondent ? Un magnétiseur !.... un homme de science....., ce doit être quelque chose de suspect : car, selon eux, la science, c'est un moyen raffiné de ruse et de perfidie ; pour s'en convaincre, ils n'ont qu'à descendre en eux-mêmes. (On rit.)

» D'ailleurs, remarquez-le : la manière dont on pose la question aide singulièrement à la solution d'un problème.

» Or je regrette que le dossier, qui est si riche de choses inutiles, soit veuf d'une pièce qui eût été intéressante pour la défense. On nous a bien fait connaître les réponses de la police... ; mais les lettres par lesquelles M. Lafeuillade l'a interrogée ne se trouvent pas dans la liasse. Je vais y suppléer ; je suppose qu'elle a dû être écrite à peu près en ces termes :

« Monsieur le Préfet,

» Un escroc de Paris, se disant magnétiseur et commet-

» tant ses délits au moyen d'une prostituée....., vient d'ar-
» river à Bressuire.

» Il a commencé par emmener un des principaux habi-
» tants de cette ville..., et déjà il s'est emparé d'une partie
» de sa fortune.... Auriez-vous la bonté de me dire ce que
» vous pensez de cet homme abominable , qui met le trouble
» dans Bressuire , et qui a manqué de respect au procureur
» du roi lui-même devant toute la ville. (Rire général.)

» J'ai l'honneur d'être, etc.

» LAFEUILLADE. »

» M. Delessert aura renvoyé ce billet à M. Allard....., M. Allard à un chef de division , celui-ci à un sous-chef, qui en aura chargé un des braves gens dont j'ai déjà parlé..., et ce dernier, sans sortir de la rue de Jérusalem , aura pu faire sa réponse.

» Ainsi n'a point agi M. le commissaire de police du quartier de Ricard. Ce magistrat n'est pas obligé d'être aussi savant que Cuvier et Laplace, et M. Arago. Mais c'est un honnête homme. Voici le jugement qu'il porte en son âme et conscience :

« On regrette que ce jeune homme, qui appartient à une » famille honnête, et qui a reçu une bonne éducation... , » *fasse fausse route.* »

» Ce mot est caractéristique. Il y a long-temps que les Abdéritains ont dit de Démocrite :

« La lecture a gâté le pauvre Démocrite. »

» M. le commissaire parle comme l'antiquité.

» Infortuné Ricard !... aveugle jeune homme ! Pourquoi se mêle-t-il de magnétisme ?...... de si belles carrières s'ouvraient devant lui !...... Il a de l'instruction... Il serait peut-être un jour devenu........ commissaire de son arrondissement......, et il aurait à son tour rédigé des certificats de bonne vie et mœurs. (Rire général.)

» Voilà pourtant, Messieurs, les documents sur lesquels

s'appuie l'accusation... *Et nunc erudimini... qui judicatis!*

» Quant aux deux faits que M. l'avocat général a révélés *in extremis* dans sa réplique, comme s'il s'agissait d'un coup terrible que sa main loyale eût tremblé... de porter, que sont-ils? et peuvent-ils en quoi que ce soit incriminer la moralité de Ricard ?

» Parlons d'abord du boucher de Chantilly.

» Cet homme est venu consulter M. Ricard... au sujet d'un vol dont il avait été victime. — Mademoiselle Virginie était indisposée, il a été remis à deux jours. — Où est le grand mal ?... Est-ce que M. Lafeuillade conteste à Mademoiselle Virginie le droit d'avoir la migraine? (On rit.)

» Oh! non. — Mais cette remise était un moyen d'obtenir à Chantilly même des renseignements pour rendre plus aisément l'oracle.... C'était encore là une manœuvre frauduleuse que le jugement aurait pu constater.

» Hélas! pourquoi tant de suppositions peu charitables? Un mot les réfute éloquemment. L'instruction, qui raconte l'histoire du boucher, constate qu'*il n'a pas dit de quel village il était !* La réponse est catégorique.

» D'ailleurs, Messieurs, ne faut-il pas être atteint de la monomanie de voir du délit partout, pour supposer que M. Ricard, consulté par un paysan de Chantilly, aurait envoyé, en poste sans doute, un courrier extraordinaire, afin d'être en mesure de donner une consultation infaillible. Et cet agent secret..., qui est-il ? est-ce un des vertueux employés de la police? et tout ce mouvement, pourquoi ? Il s'agissait donc de gagner une fortune?... — Non. La consultation a coûté 50 francs !

» Mais admirez encore. Ricard a imaginé cette belle intrigue pour mériter l'admiration du boucher de Chantilly, personnage dont l'opinion et l'estime doivent être d'un bien haut prix. Or M. Lafeuillade reproche précisément à Ricard de n'avoir donné au pauvre paysan que des renseignements trompeurs. « *Un innocent a failli en être victime* »......

»'Oh! certes ceci serait grave ; mais, le fait eût-il été exact,
M. le procureur du roi de Bressuire devrait encore être moins
chatouilleux à l'égard des erreurs de cette espèce ; il devrait
l'être moins surtout envers Ricard, dont l'exemple atteste
trop bien, hélas! qu'il n'est pas nécessaire d'être magnétiseur
pour avoir la main malheureuse en fait d'atteinte à la liberté
et à l'honneur du prochain. (On rit.) — C'était le cas ou
jamais de dire :

Non ignora mali miseris succurrere disco.

» Quant à la circonstance que le boucher de Chantilly serait allé, en sortant de chez M. Ricard, consulter Mademoiselle Lenormand, dont les oracles auraient été d'accord avec
ceux de la somnambule, c'est une circonstance qui n'a rien
de fâcheux ; elle prouve seulement que le *boucher* a eu la même idée que Napoléon. Lui aussi interrogea la sybille..... et
l'histoire raconte qu'elle lui prédit, au sein de sa gloire, l'île
d'Elbe et l'île Sainte-Hélène. — L'empereur se montra
moins irrité que M. Lafeuillade, dont Mademoiselle Virginie
n'avait pourtant divulgué que les palpitations..... Quoi qu'il
en soit, M. ie procureur du roi de Paris, sur le domaine duquel se trouvait la prêtresse de la rue de Tournon, n'a dirigé
contre elle aucunes poursuites au sujet de l'affaire de Chantilly.... Il est vrai qu'à Paris ce n'est pas comme à Bressuire.
Le parquet n'a pas le temps de s'ennuyer....., et n'a pas besoin de se créer des distractions. (On rit.)

» Après l'escroquerie qui concerne le *boucher*, vient celle
du chercheur de *trésor*. Celui-ci n'était pas un témoin commode pour l'accusation. Toute l'instruction atteste sa reconnaissance envers M. Ricard, dont la somnambule l'a conduit
avec un bonheur incroyable à travers ses recherches souter-
raines ; ce n'est pas une dupe, c'est un heureux mortel qui
doit son succès au magnétisme, et qui, d'ailleurs, s'est borné
à lui offrir pour toute récompense des éloges pleins d'enthou-
siasme... (On rit.)

» A présent, vous entendez bien que je ne me m'attacherai

pas à réfuter l'épithète de *jongleur*..., et que ce n'est pas la faute de M. Ricard si le rédacteur inconnu des notes de police n'a pas compris *les manœuvres de la* PYTHONISSE, selon la pittoresque expression que M. Lafeuillade a cru devoir emprunter à l'érudition qui fleurit rue de Jérusalem.

» Mais je ne voudrais pas laisser sans réponse les observations de mon honorable contradicteur au sujet de la *mèche de cheveux.*

» Comment, dit M. l'avocat général, faire reproche à M. Lafeuillade de n'avoir pas cru à de pareils miracles opérés à l'aide de tels moyens ?

» Encore une fois, ces *moyens* et ces *miracles*... sont établis dans l'espèce, par l'instruction écrite, à l'état de faits incontestables ; et cela suffisait au moins pour que le procureur du roi de Bressuire eût daigné examiner au lieu d'emprisonner. Ce provisoire était plus philosophique et moins brutal. (On rit.)

» Et, quand même l'instruction n'eût pas établi et l'envoi de la mèche de cheveux, et la réponse qui a émerveillé les docteurs ;... quand même, au moment des rigueurs du parquet, M. Pihoué n'eût pas été rendu à la santé, est-ce que des faits analogues ne sont pas de notoriété ?

» DELEUZE (*Instruction pratique sur le magnétisme*, p. 297 et suiv.) s'exprime ainsi :

« Plusieurs magnétiseurs enthousiastes ont une foi aveugle à leurs somnambules. Ils les croient infaillibles, et dans le jugement qu'ils portent de leurs propres maladies, et dans celui qu'ils portent de la maladie des autres. Si les remèdes ordonnés par eux ne réussissent pas, ils supposent que c'est parce qu'on n'a pas suivi les prescriptions avec assez d'exactitude. Si ces remèdes ont fait mal, ils regardent ce mal comme une crise nécessaire...*Il n'y a pas de doute* qu'il existe des somnambules doués d'une telle lucidité, que, lorsqu'on les a mis en rapport avec un malade, ils *expliquent clairement l'origine, la cause et la nature de la maladie, et prescri-*

vent les remèdes les plus convenables , en indiquant l'effet qu'ils doivent produire , et les crises auxquelles on doit s'attendre. Ils annoncent une maladie qui doit se développer dans quelques mois, et les précautions qu'il faudra prendre lorsqu'on en apercevra les premiers symptômes. Ils voient même l'état moral du malade , pénètrent sa pensée , et lui donnent des conseils en conséquence ; mais ces somnambules sont rares, et ceux même qui ont donné des preuves de cette inconcevable clairvoyance ne la conservent pas toujours , et ne la possèdent que dans certains moments.

M Ledru* : C'est comme en justice, où on se trompe quelquefois.

» Il arrive souvent aussi que la clairvoyance des somnambules ne se porte pas également sur tous les objets. Ils voient très bien des choses que nul homme au monde , dans l'état ordinaire, ne pourrait deviner, et ils n'en aperçoivent pas d'autres qu'un médecin verrait au premier coup d'œil. Ne doutons donc point des facultés des somnambules, mais soyons d'autant plus prudents, que nous nous trouvons engagés dans une carrière dont nous ne connaissons pas les écueils...

» Il existe à Paris des somnambules qui font profession de donner des consultations pour de l'argent , et *les ennemis du magnétisme ne manquent de dire qu'ils jouent le somnambulisme.* Je puis affirmer le contraire , et j'en ai examiné un assez grand nombre avec la plus scrupuleuse attention. J'ai recueilli assez de faits, que j'ai discutés avec la plus sévère critique, pour n'avoir aucune incertitude à cet égard. Ils diffèrent entre eux par le degré de leurs facultés , et par celui de leurs qualités morales, mais tous sont réellement somnambules (1).

---

(1) « Il est possible de simuler un somnambulisme imparfait vis-à-vis de gens qui ne prennent aucune précaution pour en vérifier la réalité, et je me souviens d'avoir été pendant trois jours la dupe d'une personne que je croyais incapable de me tromper ; mais, quelque adresse qu'ait le prétendu somnambule , on découvre sa fourberie au premier examen. Les facultés

» Parmi ceux que j'ai observés, il n'en est aucun que je n'aie vu se tromper; mais il n'en est aucun qui ne m'ait donné des preuves de clairvoyance. Cette clairvoyance m'a paru imparfaite et limitée dans plusieurs occasions : dans d'autres elle m'a singulièrement étonné. Ainsi j'ai conduit chez ces somnambules des malades qu'ils ne pouvaient connaître, et dont j'ignorais moi-même l'état, et je les ai vus, après un quart d'heure de concentration et de silence, deviner l'origine, la cause et les progrès de la maladie, déterminer le siége des douleurs, découvrir ce qu'aucun médecin ne pourrait apercevoir, et décrire avec exactitude le caractère, les habitudes et les penchants de ceux qui les consultaient. *J'en ai vu qui ont guéri des maladies aiguës extrêmement graves, et des maladies chroniques invétérées, en changeant avec hardiesse le traitement qu'on avait suivi jusque alors...*

» Quelques uns consultent pour des personnes absentes et qui leur sont inconnues. ON LEUR REMET DES CHEVEUX DU MALADE OU DES OBJETS QU'IL A PENDANT QUELQUES JOURS PORTÉS A NU SUR L'ESTOMAC, ET CELA LEUR SUFFIT POUR SE METTRE SI BIEN EN RAPPORT AVEC LUI, QU'ILS DÉCRIRONT EXACTEMENT ET DANS LE PLUS GRAND DÉTAIL SON ÉTAT PHYSIQUE ET MORAL.

Me Ledru : M. le procureur du roi et le tribunal de Bressuire doivent avoir M. Deleuze en pitié profonde.

» Je ne prétends point qu'ils ne se trompent pas souvent; *mais* JE LES AI VUS *plusieurs fois réussir d'une manière étonnante, et dans des cas où rien n'avait pu les guider, et où la maladie pour laquelle on les consultait avait des caractères trop rares pour qu'ils eussent pu les deviner par hasard.* Si celui qui consulte a pour but, non de s'éclairer, maisde mettre le somnambule à l'épreuve, il est possible qu'à son insu il exerce une influence qui lui fournira de nouveaux motifs pour fortifier son incrédulité (1). »

---

propres aux somnambules ne sauraient être imitées par quelqu'un qui ne les possède pas. »   (*Note de Deleuze.*)

(1) « Des hommes qui n'ont jamais pris la peine de s'informer des services

» Dans son ouvrage intitulé *Rapport et discussions sur le magnétisme*, p. 447, le docteur Foissac rapporte ce qui suit :

« M. B***, ancien notaire, vint me prier de soumettre à l'examen d'un somnambule les cheveux d'une malade à laquelle il prenait le plus vif intérêt. Je refusai en lui exposant les raisons qui me faisaient douter de la justesse d'un tel diagnostic. Il parut si affligé de mon refus, que je finis par lui accorder sa demande. Cette consultation fatigua beaucoup Mademoiselle Cœline ; mais elle découvrit chez la personne à qui appartenaient les cheveux : 1º etc... Tous les symptômes annoncés étaient véritables ; MM. Fouquier et Espiaud l'ont reconnu.....

» Voici un second exemple non moins curieux : La santé de madame la comtesse de N*** m'inspirait de l'inquiétude. Les médecins qui avaient été appelés avec moi étaient d'avis différents. Je parvins à me procurer une mèche de ses cheveux, *et, les ayant remis à Mademoiselle Cœline en somnambulisme*, celle-ci me demanda à qui ils appartenaient. — Je lui répondis que la personne lui était entièrement inconnue. — On dirait, reprit-elle après les avoir examinés, que ces cheveux sont d'une sœur de madame la comtesse de M***. Et aussitôt elle m'indiqua l'âge de la personne et tous les

---

rendus tous les jours par les somnambules dont je parle voudraient que la police leur défendît de donner des consultations. Une telle défense entraînerait des inconvénients mille fois plus graves que ceux qu'on voudrait éviter. D'abord ces somnambules ne pourraient plus trouver un magnétiseur qui, par un zèle désintéresé, consentît à les diriger et à soutenir leurs forces. En second lieu, ceux de ces somnambules qui ont le plus de délicatesse croiraient devoir renoncer à une pratique qui leur serait interdite. Enfin ceux qui, malgré la défense, continueraient à voir des malades, ayant des risques à courir, mettraient à leurs soins un prix plus élevé, et demanderaient le secret, et les personnes qui auraient obtenu d'eux une consultation n'oseraient la soumettre à un médecin, crainte de les compromettre. »

(*Note de Deleuze*, page 305.)

symptômes de sa maladie. Ces détails étaient de la plus exacte vérité.

» Un journal de Bruxelles, *l'Industriel*, dans un article sur le choléra, a exprimé le vœu que l'on consultât des somnambules magnétiques sur la nature et le traitement de cette maladie. Dans les premiers jours de son invasion, *j'apportai à Mademoiselle Cœlina des cheveux d'une dame enlevée en quelques heures par l'épidémie. Elle les avait à peine touchés qu'elle me dit :* LA PERSONNE EST MORTE.

» L'usage de mettre les malades éloignés en rapport avec le somnambule, au moyen soit d'une mèche de cheveux, soit de tout autre objet porté par le malade, est reconnu par la plupart des magnétiseurs. *Dans sa correspondance avec M. Deleuze sur le magnétisme,* le docteur *Billot* s'exprime ainsi, p. 113 :

« Ayant pris la route de Cadenet pour me rendre auprès de la malade, je mis pied à terre dans cette commune, afin de m'aboucher avec celle de nos somnambules qui serait disponible. Mais il se présente ici une difficulté : la malade n'est pas connue de la somnambule. Comment celle-ci pourra-t-elle se mettre en rapport avec elle ? *D'après la théorie reçue et seule avouée en France, il faut, pour établir ce rapport, placer entre les mains de la voyante quelque objet porté ou du moins touché par le malade, et ce moyen intermédiaire nous manquait,* etc. »

» Voilà des autorités et des exemples suffisants, je pense, pour ébranler un peu la confiance absolue que M. le procureur du roi et le tribunal de Bressuire accordent à leur bon sens.... Mais en admettant que M Ricard se soit trompé avec MM. Deleuze, Foissac et tant d'autres, fallait-il pour cela les mesures farouches qui ont été prises contre lui ?

» Un magnétiseur qui agit conformément à sa croyance, plus ou moins combattue, mais soutenue par de nombreux et célèbres partisans, n'est point placé en tout cas sous la présomption d'escroquerie. L'escroc est celui qui emploie des

manœuvres FRAUDULEUSES pour s'emparer de la fortune d'autrui : la *mauvaise foi* est la condition première de la crimina-
lité. Je vois parmi vous, MM. les jurés, des agriculteurs distingués : je citerai sur l'application des principes du droit
un exemple qui le met parfaitement en lumière.

» Il y a quelques années, un individu annonça dans tous
les journaux qu'il était possesseur d'une certaine graine de
chou, dit chou de la Nouvelle-Zélande ou chou colossal. Sa
tige devait, d'après les prospectus, égaler en hauteur les cèdres
du Liban..., et toute une tribu se reposer à l'ombre de ses
feuilles. (On rit.) Les agronomes de province, les membres
des sociétés d'horticulture, s'empressèrent à l'envi d'orner
leurs potagers de ce légume monstre, dont la graine se ven-
dait pour la modeste somme de 1 fr. la pièce.

» Qu'arriva-t-il ? Le chou géant..., sur lequel tous les mi-
croscopes étaient braqués..., s'arrêta dans sa croissance,
comme les choux du commun...; bref, arrivé à son extrême
croissance, il n'était pas plus grand que le général *Tom Pouce*,
que vous avez l'honneur de posséder aujourd'hui dans vos
murs : encore était-ce le chou de l'espèce la plus vulgaire, le
chou rouge. (On rit.)

» Voilà l'escroquerie. Évidemment le marchand de choux
ne croyait pas à la fable dont il tirait de si beaux bénéfices...;
et il eût mérité d'être sévèrement condamné; mais la plainte
des crédules agronomes fut étouffée sous l'explosion d'un rire
universel. (Hilarité.)

» Si, au lieu d'appliquer la loi qui réprime l'escroquerie à
ceux qui, par la *fraude* et le mensonge, veulent s'emparer
de la fortune d'autrui, on l'appliquait, comme M. le procureur du roi de Bressuire, aux partisans de tel ou tel système,
quel honnête homme pourrait répondre de n'être pas appré-
hendé dans son domicile en vertu de mandat d'amener ?

» Vous avez vu ce qui est arrivé à Ricard ; mais les magnétiseurs ne sont pas les seuls de ce monde dont la doctrine
soit fortement combattue; pour ne parler que des médecins,

on sait assez qu'ils ne sont pas toujours du même avis, je ne dirai pas sur une maladie donnée, mais sur le mode général de guérison.

» Prenons seulement les plus fameuses théories médicales de ce siècle.

» Le célèbre Écossais Brown explique la plupart des maladies par une diminution de force vitale : c'est l'état asthénique, pour parler sa langue. En conséquence, les heureux malades des médecins de cette école sont placés sous le régime des stimulants.

» Cette consolante théorie a été renversée par un docteur non moins fameux, l'Italien Rasori. Celui-ci ne voyait partout que des inflammations : au lieu de stimulants, il applique les contre-stimulants....... C'est le père intellectuel de MM. Broussais et Bouillaud.

» La vérité est une : eh! bien, nous voici pourtant en présence de deux systèmes, dont l'un traite la gastrite avec de l'eau de gomme; l'autre avec du poivre et de la moutarde. (On rit.) La guérison, suivant l'un, est dans une nourriture excitante, substantielle, dans un vin généreux. Gardez-vous de tout cela, dit l'autre : « Hors les sangsues et la diète, point de salut. »

» Ceci n'est rien : arrive M. Hanemann et l'homéopathie. au lieu de la maxime : « *Contraria contrariis curantur,* » ils prêchent la maxime diamétralement opposée : « *Similia similibus.* »

» Ecoutez-les : l'allopathie c'est la maladie et la mort revêtues du manteau d'une science menteuse. Le soleil des intelligences, c'est Hanemann......, et le trésor de la santé se cache dans les doses infiniment petites. (On rit.)

» Ne croyez pas que les allopathes soient sans réponse. Que sont les disciples d'Hanemann? « des ignorants, des char- » latans .., des profanateurs d'un culte qu'ils sont indignes de » comprendre »; et comme ces messieurs ont au moins l'avantage de l'ancienneté et des positions faites, ils se servent envers la jeune école des procédés qu'ont toujours employés ceux qui possèdent envers ceux qui veulent posséder. C'est ainsi que la faculté de Montpellier rayait de ses registres le nom d'un jeune homme plein de science et de talent, dit-on, et dont le crime consistait dans une dévotion trop fervente au dieu nouveau.

» Voilà, Messieurs, la science humaine, la science positive. Or, en admettant le système de M. le procureur du roi de Bressuire, qu'arrivera-t-il dans le monde judiciaire ? Ici un procureur du roi allopathe fera condamner au régime de la prison tous les homéopathes, là un parquet homéopathe fera mettre au cachot les allopathes... (Rire général.); et ainsi les juges d'instance et d'appel marcheront, à la voix du ministère public, les uns sous la bannière de Brown, les autres sous celle de Broussais, ceux-ci sous celle d'Hanemann ; pour mettre à la raison les chevaliers de cette croisade nouvelle, il faudra créer à la Cour de cassation une section médicale, qui établira les bons principes à l'endroit de la migraine, et la vraie jurisprudence en matière de remèdes. (Hilarité nouvelle.)

» La logique veut qu'il en soit ainsi, et quand vous en serez là, arrivera à son tour mon ami Raspail, avec ses cigares salutaires, et, juge de tous les systèmes, il leur dira d'une voix connue, aimée et respectée :

« On se plaint depuis deux mille ans que le langage de la
» médecine soit un jargon inintelligible au malade ; que ses
» moyens de guérir soient tour à tour prônés et décriés par
» les pontifes du temple..., en sorte qu'il n'est pas un traite-
» ment qui, après avoir eu le plus de vogue, ne soit tôt ou
» tard accusé d'avoir tué tous ceux qui sont morts après y
» avoir été soumis... Mais comme le médecin est irresponsa-
» ble, que son diplôme lui confère le droit de tout oser, que
» la légalité de la formule met à couvert l'imprudence et
» l'inopportunité de la prescription, les survivants n'ont le
» droit de venger les morts qu'avec l'arme du ridicule : on
» ne peut traduire le médecin qu'au tribunal de Molière, et là

» souvent celui qui rit du meilleur cœur, c'est le médecin,
» et il a raison. Le plus ridicule en ce point, ce n'est pas
» lui, ce sont les autres : car, ainsi que le disait La Bruyère :
» Tant que les hommes pourront mourir et qu'ils aimeront
» à vivre, la médecine sera raillée, mais payée. » (On rit.)

» Vous voyez, Messieurs, que, si on peut faire au nom de
la médecine et contre le magnétisme des réquisitoires élo-
quents, il ne lui serait pas difficile de porter la guerre dans
le camp de ses ennemis ; ou plutôt vous voyez combien il est
ridicule de trancher par la violence, les diffamations, la prison et l'outrage, aucune des questions de la science !

» Peut-être, hélas ! n'y en a-t-il pas une seule dont la parfaite solution soit possible à la faiblesse de notre intelligence, et n'y a-t-il de vrai, en ces choses, que le cri sublime
du poëte... demandant à son génie : « *Où est la sagesse ?* »

Socrate la cherchait aux beaux jours de la Grèce.....
Platon, à Sunium, la cherchait après lui :
Deux mille ans sont passés, je la cherche aujourd'hui ;
Deux mille ans passeront, et les enfants des hommes
S'agiteront encor dans la nuit où nous sommes.

» Il y a pourtant, Messieurs, en faveur du magnétisme
un fait grave, ancien, et que devraient bien méditer les orateurs
qui, pour distraire les dames de leur juridiction, exercent
leur gaîté, leur verve et leur mépris, contre ce qu'ils igno-
rent.

» Je parlais tout à l'heure d'une science dont on a dit,
malgré ses innombrables erreurs : « *Que c'est un art qui gué-*
» *rit quelquefois, soulage souvent et console toujours.* »

» Je ne suis pas fâché, MM. les jurés, d'apprendre à
M. Lafeuillade ce que l'art de la médecine doit au magnétisme.

» Il y a, parmi les savants qu'elle propose à l'admiration
des hommes, un nom au dessus de tous les autres noms, qui,
dominant tous les systèmes opposés et toutes les écoles riva-

les, invoqué par tous comme leur drapeau, est arrivé jusqu'à nous au milieu de l'estime et du respect des siècles :
c'est Hippocrate.

» Heureusement pour Hippocrate, Messieurs, il n'est pas
venu à Bressuire sous le règne de M. Lafeuillade. (On rit.),
car il y eût été accusé d'immoralité, de charlatanisme, de
jonglerie; et c'est lui qui en ce moment aurait l'honneur de
comparaître devant vous.

» C'est qu'en effet Hippocrate puisa toute sa science dans
le magnétisme.

» On ne s'expliquait pas comment la médecine, qui depuis le sage de Cos a reçu le secours de tant de connaissances
accessoires, paraît n'avoir point fait un pas en avant, et semble au contraire tourner dans un cercle perpétuel d'erreurs,
tandis que l'œuvre d'Hippocrate reste debout comme le dépôt
sacré de l'antique et vraie loi. Les disciples de Mesmer répondent, l'histoire à la main, que c'est là la preuve la plus
puissante en faveur du magnétisme (1). En effet Hippocrate, qui vivait quatre siècles avant Jésus-Christ, avait
beaucoup voyagé; il était allé à Athènes, en Thessalie, en
Macédoine, dans la Thrace, et même dans le pays des Scythes,
et, comme fait sans doute M. Lafeuillade quand il voyage
pendant ses vacances, il avait partout recueilli des notes pré-
cieuses. (On rit.) — Il avait consulté les oracles d'Esculape (2),

---

(1) Le *magnétisme* était pratiqué par les prêtres de Rome payenne. On
trouve dans Plaute un passage qui ne laisse aucun doute à cet égard ; c'est
dans l'*Amphitryon*. Mercure a pris la figure de Sosie.

    M. — Quid si illum *tractim* tangam ut *dormiat* ?

    S. — Servaveris, nam continuas has tres noctes pervigilavi.

(2) Varron, cité par Nonius Marcellus, parle d'Esculape quand il dit :
« Ce dieu m'apparut *en songe*, et m'ordonna, pour obtenir ma guérison, de
» manger de l'ognon et du sésame. » — Strabon, qui vivait du temps d'Au-
guste et de Tibère, rend témoignage aux cures merveilleuses d'Esculape, et à
l'usage où l'on était, dans ses différents temples, de suspendre des tablettes

de Sérapis (1), d'Isis et d'Osiris... (2), et dans les tem-

---

qui attestaient la maladie et la guérison. — Strabon dit encore la même chose de Sérapis dans le temple qui lui était élevé à Canope. « Ce temple, » dit-il, est fréquenté avec un grand respect. Les personnes les plus consi- » dérables ont en ce dieu la plus grande confiance, et vont dans ce temple » *chercher des songes* pour eux et pour les autres. » Tite-Live fait aussi mention du temple d'Esculape à Epidaure, et des riches présents que la re- connaissance des malades guéris y avait accumulés.

(1) Marc-Antonin parle non seulement des consultations d'Esculape par ouï-dire, il nous apprend qu'il avait ressenti personnellement la puissance bienfaisante du dieu Sérapis dans les *songes* qu'il lui avait procurés. Dans les remercîments qu'il fait aux dieux il n'oublie pas cette circonstance :

« Je vous rends grâce de m'avoir donné un bon père, une bonne mère, « de bons précepteurs...... Je vous rends grâce de ce que j'ai trouvé une » femme douce, affectionnée à son mari, à ses enfants....... Je vous rends » grâce de m'avoir indiqué *en songe différents remèdes,* surtout pour un » crachement de sang et un étourdissement, comme il m'est arrivé à Gaëte. »

(2) Tibulle fait allusion à ces guérisons dans ses élégies ; il s'adresse à la déesse Isis :

Nunc dea, nunc succurre mihi, nunc posse mederi
Picta doces templis multa tabella tuis.

(Liv. 1er, élég. 3e.)

— Virgile donne la description de ce qui se passait dans les bois touffus de l'Albunée, où toute l'Italie allait consulter l'oracle de Faune :

Huc dona sacerdos
Cum tulit et cæsarum ovium sub nocte silenti
Pellibus incubuit stratis, *somnosque petivit ;*
Multa modis simulacra videt volitantia miris :
Et varias audit voces, fruiturque deorum
Colloquio, atque imis Acheronte adfatur Avernis.

Æneid. liv. VII.

Les monuments qui constatent *l'action curative* de la main sont en très grand nombre.

Dans celui qu'on appelle *table d'Isis* on voit trois personnages : l'un est couché sur un lit, un second lui pose la main sur la poitrine et a la main droite élevée et ouverte ; un troisième personnage, qui fait face au second et que celui-ci regarde, tient sa main droite au dessus de la tête, les trois premiers doigts relevés, les deux derniers pliés. Le geste et la pose du dernier personnage sont très significatifs. (Pluche, *Histoire du ciel,* t. p. pl. 2.)

ples il avait vu les *ex voto* (1) sur lesquels les malades guéris

---

— Le temple d'Isis, consacré à la nature, contenait des hiéroglyphes dont la traduction n'est que la science du magnétisme. Ici on voit un homme placé sur un lit, et devant lequel un autre promène à distance la main des pieds à la tête. Là un autre est soumis aux mêmes pratiques, mais il est placé sur un siége et dans l'attitude d'un homme endormi. Plus loin un opérateur des mystères égyptiens tient un pot de fleurs dans la main gauche et de la droite exerce l'action magnétique en agissant de haut en bas. Ailleurs c'est un vase rempli d'un liquide qui reçoit la même influence.

— « Les prêtres égyptiens prétendent que du sein de son immortalité Isis
» se plaît à manifester aux hommes, *pendant leur sommeil*, des moyens
» de guérison ; elle indique à ceux qui souffrent des remèdes propres à leurs
» maux. »   (*Diodore de Sicile.*)

« Les frictions médicales et les frictions mystérieuses étaient les remèdes
» secrets dont les prêtres se servaient pour les maladies incurables...... Les
» malades étaient portés, après de nombreuses cérémonies, dans le sanc-
» tuaire du temple, où le dieu leur apparaissait en songe et leur révélait les
» remèdes qui devaient les guérir. Lorsque les malades ne recevaient pas les
» communications divines, des prêtres appelés *oneïropoles* s'endormaient
» pour eux, et le dieu ne leur refusait pas le bienfait demandé. » (Prosper Alpinus, *Traité de la médecine des Egyptiens.*)

(1) Les monuments mêmes dont les auteurs font mention parlent plus éloquemment que leurs livres : nous voulons parler des inscriptions gravées sur les tablettes de marbre.

Berrius Valentianus nous en fournit une ainsi conçue :

« C'est pour avoir eu l'apparition d'Esculape, d'Aygie, et des autres di-
» vinités bienfaisantes révérées dans ce temple, et, par suite des remèdes
» indiqués, pour avoir recouvré la vue, que Frontonianus érige ce monu-
» ment. »

— Dans une autre, rapportée par Thomasius, on lit :

« Valerius Capito, pour remercier Esculape de la guérison de Julia, sa
» fille, et des avis qu'il reçut en songe, consacre une statue à ce dieu avec
» une tablette en marbre. »

— Ceux qui obtenaient la guérison de leurs maux déposaient dans les temples des tablettes sur lesquelles ils écrivaient la nature de la maladie dont ils avaient été délivrés et le remède qui avait opéré la guérison. Strabon, Pline, et après eux Sprengel, pensent que c'est à ces tablettes qu'on doit l'origine de la médecine. (Strabon, livre XIV, p. 371. — Pline, livre XXIV, chap. 1er. — Sprengel, *Histoire de la médecine*, t. 1er, p. 162.

par le Dieu qui les avait visités pendant leur sommeil (1),
ou par l'intercession des prêtres qui, dans leurs rêves mystérieux, avaient dicté les ordonnances du ciel, exprimaient
leur reconnaissance en constatant à la fois la maladie dont
ils avaient été atteints, et les formules curatives auxquelles
ils avaient obéi.

» Fécondant de son génie l'immensité de ces richesses
éparses, Hippocrate en fit un corps de doctrines...; et c'est
ainsi qu'ayant réuni les matériaux de la science magnétique
il a élevé ce monument qui est comme le temple de sa gloire.
(Sensation.)

» A quelle source, Messieurs, les prêtres du paganisme
avaient-ils puisé ces révélations du magnétisme, que le
père de la médecine formula en démonstrations et en axio-
mes? Ces révélations furent-elles contemporaines des premiers hommes? ont-elles été connues des patriarches et des
prophètes? Ce sont là de belles thèses dont j'aurais aimé à
m'entretenir avec vous, mais qui m'éloigneraient de mon
sujet; vous trouverez les éléments de leur solution dans un
livre où la plus haute philosophie a le grand avantage d'être
toujours d'accord avec la religion et avec la foi : je parle du
livre du savant abbé Loubers.

» Je me bornerai, pour en finir avec le magnétisme, qui
ouvre à la pensée de si larges champs, à le justifier théorique-
ment par un dernier mot, qui le vengera, j'espère, du dog-
matisme ignorant et de l'incrédulité sentencieuse des magistrats de Bressuire.

» J'ai déjà dit, Messieurs, en citant une parole féconde de
Mesmer, comment le mystère qui enveloppe les miracles du
magnétisme... s'est laissé entrevoir à ce génie puissant. —

____

(1) Cicéron combat l'opinion de ceux qui croyaient que les malades qu'on
portait dans le temple d'Esculape et de Sérapis recevaient en songe les
moyens de se guérir.

« Au *Æsculapius*, au *Serapis*, potest vobis præscribere per *somnium*
curationem valetudinis ?»　　　　(*De divinatione*, lib. II, § 59.)

Permettez-moi, puisque, pour venir au secours de M. Lafeuil-lade, mon honorable contradicteur a encore jeté sur cette science des dédains qui pourraient troubler vos esprits, de vous la présenter à mon tour sous un tout autre aspect.

» Vous n'ignorez pas, Messieurs, les découvertes dues dans le 17e siècle au génie des physiciens Gray et Dufay. — On savait déjà que de l'ambre frotté attire et repousse des parcelles de corps légers. De ce fait si simple jaillirent pour eux d'immenses clartés : l'électricité était découverte.

» Bientôt vinrent Galvani et Volta : ils avaient donné à l'électricité une forme nouvelle ; le galvanisme devint une science à part.

» Bientôt encore l'identité des fluides électrique et galvanique fut reconnue ; et de nos jours, grâce aux travaux d'OErsted, Ampère, Arago, Biot, Becquerel, nous voyons surgir des théories qui ont fondé dans la science comme un monde tout nouveau.

» Il ne m'appartient pas de vous faire pénétrer dans ces hautes régions... Mais il y a un fait bien simple que notre raison à tous peut concevoir, et il est de nature à jeter un grand jour sur la question. Juxtaposez deux métaux l'un contre l'autre : ils agiront réciproquement l'un sur l'autre par une communication invisible à l'œil, mais certaine. Une électricité *sui generis* les tient en relation telle, qu'on dirait qu'un même souffle les anime, ou du moins qu'un être sympathique interposé entre eux les alimente de sa vie en participant à leur propre vie. (Sensation.)

» Je ne parle point le langage de la science, je ne définis point avec ses procédés ; je vous montre de loin, dans notre langage tout impropre, un phénomène irrécusable et à l'abri de toute controverse.

» Eh bien ! Messieurs, est-ce que, si les métaux agissent sur les métaux..., l'homme sera incapable d'agir de la même manière sur l'homme ? Si une relation invisible s'établit entre deux natures inanimées..., si un fluide secret et impondérable les rapproche comme une sorte de mystérieux intermédiaire, de façon à ce que l'un soit soumis à l'autre..., pourquoi une nature humaine n'aurait-elle pas sur une autre nature humaine une puissance, une action proportionnée à la différence qui existe entre la matière face à face avec la matière, et l'homme face à face avec l'homme? (Sensation nouvelle.)

» Et voyez quel fait étrange semble se prêter à ces hypothèses? Le premier appareil qui résulte de la fécondation humaine est un appareil tout nerveux. C'est la moelle épinière qui s'organise, et la *pile* nerveuse qui s'établit. L'organisation humaine est une véritable *pile* électro-magnétique. — Joignez à cela qu'il est démontré que le système nerveux élabore un fluide particulier...; que le cerveau, la moelle épinière, les plexus, les ganglions, les cordons nerveux, en un mot tout le système nerveux de l'homme, est l'appareil élaborateur d'une électricité qui n'est que le magnétisme humain..... Rappelez-vous ensuite que l'électricité traverse les corps conducteurs, et que le calorique les traverse tous.... — Rappelez-vous que le magnétisme minéral, l'aimant, agissent à travers les corps les plus compactes..... — Rappelez-vous enfin que, d'après l'hypothèse du grand Newton, la lumière, ou le fluide qui la manifeste, est la cause seconde et le principe de tous les êtres... (1); et alors, si l'on vous dit que le fluide vital, fluide analogue avec tous les autres fluides impondérables dont il est en quelque sorte le résumé..., que ce fluide est plus parfait qu'eux, puisque, élaboré dans un appareil plus parfait que les autres, l'organisme humain, il est de plus sous l'influence de l'âme, qui lui imprime sa forme et sa vie..., vous étonnerez-vous que ce fluide, ce magnétisme humain, cette lumière plus pure que toute lumière, traverse les corps, les illumine, éclaire ceux qui sont placés au delà, et se manifeste par les merveil-

---

(1) Conformément à la parole de la Genèse : *Fiat lux ! et lux facta est !*

les qui éclatent dans le magnétisme ? (Sensation profonde.)

» Je crois pouvoir dire sans être accusé de calomnie que M. Lafeuillade n'avait pas vu la question sous cette face quand il lui est arrivé de la résoudre brutalement à la façon d'Alexandre, qui, tranchant le nœud gordien avec son épée, disait : « *Parvi refert quomodo solvatur.* »

» Or, Messieurs, vous savez quelle a été la conséquence de la légèreté et de l'ignorance violente du magistrat, et il faut désormais qu'abandonnant la partie extra-judiciaire de cette cause, je rentre dans le débat, et que j'examine en deux mots si l'accusation de diffamation portée contre Ricard est fondée, ou s'il n'est pas vrai plutôt que l'expression de sa douleur a été bien au dessous de ce que méritait la lourde injustice qui pèse sur lui depuis trois ans!

» Je pourrais apporter devant vous, Messieurs les jurés, beaucoup de documents qui attesteraient que la condamnation de Ricard a été censurée par l'opinion publique bien plus sévèrement que par lui-même. De tels scandales ne se passent jamais impunément. Il y a un lendemain à toutes choses, et

Le magistrat qui juge à son tour est jugé.

Aussi les organes de la presse de Paris se sont-ils occupés de M. Lafeuillade et de son tribunal. Je ne citerai pas les *mauvais journaux* (On rit.) : ceux-là font de l'opposition aux procureurs du roi, c'est tout simple. Je prendrai mes preuves dans la *bonne presse...*, et dans la bonne je choisis la *meilleure.* Voici un feuilleton du 12 avril 1843.

MAGNÉTISME-SOMNAMBULISME.

« Jusqu'à présent il n'y avait que les médecins, et encore » quelques médecins, qui se fussent déclarés d'une ma- » nière absolue contre le magnétisme; *voilà maintenant que* » *les procureurs du roi et les tribunaux s'en mêlent* (On rit.); et » ces Messieurs prétendent, *de par le roi,* interdire aux faits » d'exister. Cela promet donc de devenir curieux.

» Depuis les célèbres arrêts du Parlement de Paris contre

» Aristote, contre l'émétique et contre la vaccine, nous ne
» connaissons rien de plus amusant qu'un jugement du tri-
» bunal de Bressuire, en date du 30 septembre 1842, et qu'un
» jugement confirmatif du tribunal de Niort, en date du 17
» décembre de la même année : deux phénomènes tout ré-
» cents comme vous voyez; l'un et l'autre provoqués d'office
» par M. le procureur du roi de Bressuire, *ce qui prouverait*
» *que cet honorable magistrat n'a pas grand'chose à faire dans*
» *son parquet, ni les juges de Bressuire et de Niort sur leurs*
» *siéges.* (Hilarité.)

M⁰ Ledru : « Je répète, Messieurs, que ceci n'est pris ni
dans le *National*, qui est trop indépendant et trop vif dans
ses allures; ni même dans le *Constitntionnel* ou le *Siècle*, à qui
il arrive de troubler quelquefois la paix des fonctionnaires...;
mais dans un journal irréprochable, dans un journal qui n'a
jamais attaqué les ministres, qui tous les matins leur prodigue
des éloges mérités...; un journal par conséquent qu'on peut
considérer comme l'ami intime des procureurs du roi en général et de M. Lafeuillade en particulier. (Rire général.) Je
poursuis ma lecture :

» Donc M. le procureur du roi de Bressuire, le tribunal de
» Bressuire et celui de Niort déclarent de *véritables ânes bâtés*
» *tous ceux* qui ont la bonhomie d'ajouter la moindre croyance
» aux phénomènes du magnétisme, et c'est encore le moins
» que ces personnes passent pour des imbéciles, car Messieurs
» de Bressuire et de Niort pourraient bien les considérer
» comme *des escrocs ;* et M. le procureur du roi de Bressuire
» ne se ferait pas tirer l'oreille pour décerner contre eux un
» mandat d'amener, ce qui est une manière de discuter les
» nouvelles découvertes aussi péremptoire qu'une autre. *Que*
» *diable voulez-vous répondre à un logicien qui vous fait em-*
» *poigner, et vous envoie en prison avec les menottes ?* » (Nouvelle hilarité.)

M⁰ Ledru s'interrompant : « En effet la réponse est difficile;

et quand M. Lafeuillade se sert de cet argument-là..., il est
sûr de faire triompher son éloquence. (On rit.)

» Vous pensiez peut-être, sur la foi de rapports émanés de
» l'Académie royale de médecine de Paris, et signés de ses
» membres les plus illustres, peut-être même sur la foi de vos
» yeux et de vos oreilles, que ce qu'on nomme le *somnam-*
» *bulisme magnétique* produit des effets surprenants, inex-
» plicables, ou du moins jusqu'à présent inexpliqués, et qui
» bouleversent toutes les notions scientifiques actuellement
» acquises? Vous pensiez que ce qu'on appelle un magnéti-
» seur pouvait placer ce qu'on appelle un somnambule dans
» un tel état physiologique et moral, que les conditions con-
» nues des facultés du corps et des facultés de l'âme sont
» complétement changées? Eh bien! vous et l'Académie
» royale de médecine de Paris, vous n'étiez que *des bêtes* et
» *des crétins* (On rit.): c'est M. le procureur du roi de Bres-
» suire qui vous le déclare, ce sont Messieurs les juges du
» tribunal de Bressuire et du tribunal de Niort qui le confir-
» ment. *Ces Messieurs donnent modestement leur cervelle pour*
» *la mesure de l'intelligence humaine.* » (Explosion d'hilarité.)

Mc Ledru : Encore une fois, Messieurs, c'est le meilleur
journal de France qui s'exprime de la sorte....

» Et si vous vous avisiez de n'être pas de leur sentiment,
» ils vous enverraient pour *six mois en prison,* et vous con-
» damneraient en quinze cents francs d'amende et aux dé-
» pens, ainsi qu'ils viennent de le faire pour M. Ricard, ma-
» gnétiseur, et la demoiselle Virginie Plain, somnambule (1).

Me Ledru reprend :

« Je ne lirai pas la suite : c'est trop fort, M. Lafeuillade
pourrait en être contrarié. Comme il est présent, et que je
me suis fait une loi d'être très modéré... (On rit.), je m'ar-

---

(1) Journal *le Globe* du 12 avril 1843.

rête ici. Mais vous le voyez, Messieurs, le plus respectable de tous les journaux, puisqu'il est l'enfant gâté des ministres, a été obligé lui-même de faire entendre, dans l'intérêt public, un *Tolle* contre l'énormité que Ricard a dénoncée dans l'intérêt légitime de son honneur.

» Et qui n'aurait pas accablé de sa colère ou de sarcasmes impitoyables la conduite des magistrats de Bressuire ! En fait, un honnête homme cultivait paisiblement des études sérieuses qui, j'espère, seront vengées du dédain de M. Lafeuillade : il est désigné comme escroc et traité comme tel. — Un avocat du roi qui, la veille, au sein d'une société d'élite, était par lui initié à sa science, et lui donnait la main comme à un ami, le fait arrêter subrepticement par les agents de la police, et jeter en prison. — Condamné après les tribulations et la honte de deux juridictions correctionnelles..., il s'était pourvu devant d'autres juges, et c'est à eux qu'il adressait le récit affaibli de ses souffrances, et de l'iniquité grotesque dont il était victime...; et c'est ce récit qu'on appelle une *diffamation !* (Sensation.)

» Mais d'abord, comment eût-il diffamé? quelles expressions de la part du prévenu, à qui la loi donne le droit de prouver contre son accusateur, auraient égalé le mal qu'on lui a fait ? Il a laissé échapper à son ressentiment une épithète hardie.. Ce n'est qu'un *mot ;* mais la prison, mais le déshonneur, la flétrissure, ce sont des *choses...* Mettez-les donc dans la balance..., comparez, et dites où est le plus répréhensible, de l'oppresseur qui inflige de telles tortures, ou de l'opprimé dont la voix proteste contre elles avec énergie.

» Si la loi accordait à l'infortuné qu'on a traîné de tribunaux en tribunaux, réparation et indemnité quelconque, on pourrait exiger qu'il se résignât au silence.

» Mais non : M. l'avocat du roi a déshonoré, emprisonné, ruiné..., tout cela a duré trois ans; et pour indemnité il nous dit : « Quoi! M. Ricard, n'êtes-vous pas enfin acquitté? » de quoi donc vous plaignez-vous? Vous n'êtes pas con-

» tent..., vous avez le caractère bien exigeant et l'humeur
» bien difficile. »

» Et pour prouver combien on est clément à Bressuire, on
rappelle à Ricard qu'à peine avait-il présenté requête du fond
de sa pris,.i, après quinze jours de désespoir, qu'on s'est em-
pressé de solliciter sa liberté sous caution ; de sorte qu'être
libre en vertu d'une forte rançon, quand on n'a rien fait pour
être chassé de la classe des honnêtes gens et des hommes li-
bres, dans celle des voleurs qui peuplent les cachots, c'est une
grâce, un bienfait, une douceur, de M. le procureur du roi
envers ceux qu'il *châtie,* parce que sans doute il les aime, et
c'est ainsi qu'il aurait par avance réparé et expié une fatale
erreur.

» Encore, je me trompe : tel n'est pas le langage de
M. Lafeuillade. En effet, qu'avez-vous vu durant ces débats,
qu'avez-vous entendu ?

» Est-on venu du moins reconnaître qu'on devait réparation morale à sa victime?

» Hélas ! Messieurs, tandis qu'on disait « que *la calomnie*
» *est un charbon qui noircit toujours quand il ne brûle pas* »,
on a essayé devant vous de réhabiliter ce jugement et ce réqui-
toire que la Cour de cassation et la Cour d'Angers ont anéantis
pour l'honneur de la magistrature ; on a supputé les voix qui
avaient partagé l'avis de M. Lafeuillade contre Ricard... « Ce
» n'est pas M. le procureur du roi seul, a-t-on dit, qui l'a
» stigmatisé..., ce sont trois juges d'instance, cinq juges d'ap-
» pel . », et on n'a pas ajouté que quinze juges en cassation
et sept juges de la Cour d'Angers avaient détruit ce triste monument d'ignorance, de passion, de vertige et d'erreur.
(Mouvement général.)

» Ainsi, au lieu de réparation à Ricard, attaque nouvelle à
sa moralité et en même temps violation du respect dû à la
chose jugée qui lui a restitué la liberté et l'honneur.

» Notre langage est vif quand nous déroulons cette incroyable histoire judiciaire devant le jury qui doit l'apprécier pour

savoir enfin si Ricard est un *diffamateur* ou un citoyen qui élève courageusement et noblement la voix... On s'en plaint, on parle de scandale...; on nous reproche d'avoir percé à jour une fatuité ridicule, une personnalité maladive et une nullité ambitieuse qui va annonçant comme une représentation amusante le spectacle qu'elle déploiera sur un siége où ne devraient s'asseoir que la modération, la sagesse, la dignité, le talent! (Mouvement prolongé.)

» J'ai été sensible à ce reproche, Messieurs, mais je veux, pour y répondre, qu'on sache bien que je n'ai pas tout dit.

» Or, écoutez : j'aurais pu vous apprendre qu'un certain jour, dans un déjeuner qui se donnait le 23 août 1842 (à Vausseron, chez un membre du conseil général, M. Guérinière), un personnage *dont je tairai le nom* tint ce discours textuel : « Il » y aura bientôt un fameux spectacle. Venez me voir, Mes- » sieurs, je vous invite : vous aurez des billets de faveur ; je » vous placerai près des dames. Je joue deux rôles, — d'abord » celui de mon ministère, ensuite celui de témoin. — *Voyez-* » *vous le changement à vue? Tirez la ficelle...* (Etonnement gé- » néral) *la robe du magistrat tombe,* et voilà le témoin. » Les convives restèrent stupéfaits.

» Je ne nommerai pas la personne qui a parlé avec tant de noblesse. Mais des témoins sont dans cette audience tout prêts à déposer de ce que j'énonce, si quelqu'un osait me démentir..., et personne ne le fera !

» Quand on est si bien disposé à des représentations à grand spectacle, il n'est pas étonnant que, le cadre de la pièce une fois fait, on veuille à toute force se procurer le maté·riel et les personnages. — Sans cela comment expliqueriez-vous qu'un procureur du roi domicilié à Bressuire et condamné par la règle à confiner son zèle dans la limite légale de son arrondissement ait eu la pensée de venir chercher des justiciables sur le territoire de M. le procureur du roi de Paris ? — Car enfin, si délit il y avait, c'est à Paris qu'il se ommettait, et en outre le domicile des délinquants était Paris.

Ainsi, sous le rapport du lieu de la perpétration et du domicile de la personne, la juridiction de Paris était seule compétente, et M. Lafeuillade n'est pas, que je sache, chargé de suppléer d'office M. le procureur du roi de cette ville. L'honorable M. Boucly n'a pas réclamé, c'est fort bien. Il n'est pas dans le cas des magistrats dont *le Globe* disait « qu'ils n'ont » pas grand'chose à faire dans leur parquet », et il a généreusement fermé les yeux sur l'empiétement de son collègue breton. Quant à M. Ricard, Messieurs, l'usurpation de M. Lafeuillade équivalait pour lui à un déni de justice.

Car, indépendamment du goût de M. le procureur du roi de Bressuire pour les solennités correctionnelles, c'est quelque chose que de venir chercher sa justification à quelques centaines de lieues de chez soi; c'est quelque chose surtout, dans une question que tout le monde ne connaît pas, d'être jugé à Bressuire, au lieu de l'être à Paris.

» La capitale est le centre des lumières, c'est le séjour des académies savantes.... Ce voisinage a bien son mérite dans une cause où la science peut être appelée à donner son avis! Bressuire, je le sais, a des hommes distingués.... Elle a surtout d'honnêtes et de savants médecins comme M. Bienvenu, M. Bernard; — et comme M. Barrion, qui, sans être partisan du magnétisme, se montrait hier encore si intrépide et si généreux défenseur de la vérité...; elle a pour ornements de sa société des dames pleines de grâce et de dignité, comme nous en avons été témoins à cette audience.... Mais il y a quelque chose qu'elle n'a pas, et c'est là précisément la garantie qu'il fallait à l'infortuné que M. Lafeuillade traînait devant le tribunal du lieu! (Sensation profonde.)

Ainsi tout lui a manqué! tout! et à présent, si j'interrogeais le plaignant lui-même..., et si, faisant appel à son honneur, je lui demandais quel était, selon lui, après une telle violation de toutes les règles, des lois et de l'équité, envers M. Ricard, le droit de celui-ci, ne ferait-il pas une confession expiatoire? Ne répéterait-il pas tout haut et à voix éclatante

le silencieux monologue que sans doute il se fait à lui-
même dans l'intérieur de sa conscience :

Rentre en toi-même, Octave, et cesse de te plaindre !

(Mouvement.)

» Eh bien ! si, après avoir lu le récit décoloré de sa conduite, il n'a pas eu la prudence de subir cette faible punition,
ce châtiment modéré d'une grande faute, qu'il sache se résigner au verdict que vous allez rendre. Ce verdict sera digne
d'un jury éclairé, consciencieux, indépendant ; il sera digne
de vous. Et permettez-moi, en vous en remerciant par avance
au nom de l'intérêt général, comme d'un acte exemplaire, et
d'un hommage à la probité publique, de vous remercier aussi
de l'accueil si bon que vous avez fait à un étranger...., de
l'attention si bienveillante que vous avez donnée à une voix
qui vous était inconnue...

» Pour moi, Messieurs, je me féliciterai toujours, en me
rappelant ma première visite à ce beau pays, d'avoir eu
l'honneur de porter la parole devant de tels juges et pour une
telle cause. Cette journée sera, dans mes souvenirs, une belle
journée !..

» Car, dans cette profession à laquelle j'ai voué ma vie, il
nous est donné, au milieu de quelques pénibles traverses, de
bien doux instants.... Si vous saviez combien c'est bon, quand
un homme d'honneur souffre persécution, d'être l'appui près
duquel il se réfugie, le cœur dans lequel il dépose ses chagrins..., l'ami dont il attend secours..., le soldat qui va s'ar-
mer et combattre pour lui..., et de pouvoir lui dire à la fin
d'une lutte où ce qui est juste, vrai, loyal, va triompher de
ceux qui disposaient du crédit, de la puissance, de l'autorité... : « Consolez-vous, mon ami, le temps des angoisses va
» finir..., consolez-vous !.. Il y a encore quelque justice sur
» cette terre...; elle vous a failli bien long temps, mais elle est
» venue..., la voici...; elle vient consoler aussi votre pauvre
» mère, qui, en ce moment, plongée dans les larmes, n'a-

» vait plus confiance qu'en la justice de Dieu (car ils lui
» avaient appris à désespérer de celle des hommes)!.. »
(Sensation profonde.)

» Oh! oui, Messieurs, cela est doux et bon! et c'est pourquoi (vous excusez cette vanité) le ministère que nous rem-
plissons est, après celui du prêtre, le plus beau de ce monde.

» Mais je ne dois plus retarder la joie que vous allez éprou-
ver vous-mêmes en accomplissant vos nobles devoirs.... Vous
me permettrez seulement d'être le premier à serrer la main
de l'honnête homme à qui tous, au sortir de la salle de vos
délibérations, vous viendrez offrir la vôtre. »

Mᵉ Charles Ledru serre affectueusement la main de l'accusé, qui en est ému jusqu'aux larmes, ainsi que tout l'auditoire.

M. le Président déclare la clôture des débats.

M. Lafeuillade s'avance ; il demande la permission de dire
un mot.

M. le Président lui fait observer que, la fermeture des débats étant prononcée, sa demande est tardive.

M. le Président fait ensuite avec une impartialité parfaite
le résumé des débats. Dans une analyse rapide et élégante
l'honorable magistrat expose tout le système de l'accusation
et celui de la défense. « Peut-être, dit-il en terminant, a-t-
» elle été un peu loin........; mais nous n'avons pas tous les
» jours le plaisir d'entendre Mᵉ Charles Ledru. »

Après une courte délibération, le jury apporte un verdict
négatif sur toutes les questions. En conséquence M. le président prononce l'acquittement du prévenu.

La voix de M. le président arrête les manifestations qui
allaient éclater dans l'auditoire ; mais au dehors la foule en-
toure M. Ricard, et lui adresse, ainsi qu'à son défenseur, les
plus vives félicitations.

Imprimerie de GUIRAUDET et JOUAUST, rue Saint-Honoré, 315.